Franz Volkmer
**Das Verhältnis von Geist und Körper im Menschen
(Seele und Leib) nach Cartesius**

Volkmer, Franz: Das Verhältnis von Geist und Körper im Menschen
(Seele und Leib) nach Cartesius
Hamburg, SEVERUS Verlag 2011.
Nachdruck der Originalausgabe von 1869.

ISBN: 978-3-86347-074-6
Druck: SEVERUS Verlag, Hamburg 2011

Der SEVERUS Verlag ist ein Imprint der Diplomica Verlag GmbH.

Bibliografische Information der Deutschen Nationalbibliothek:
Die Deutsche Nationalbibliothek verzeichnet diese Publikation in der
Deutschen Nationalbibliografie; detaillierte bibliografische Daten sind
im Internet über http://dnb.d-nb.de abrufbar.

© **SEVERUS Verlag**
http://www.severus-verlag.de, Hamburg 2011
Printed in Germany
Alle Rechte vorbehalten.

Der SEVERUS Verlag übernimmt keine juristische Verantwortung
oder irgendeine Haftung für evtl. fehlerhafte Angaben und deren
Folgen.

Vorwort.

— — — — — — Wie sich
Die Neigung anders wendet, also steigt
Und fällt des Urtheils wandelbare Woge!
v. Schiller (M. Stuart II. 3).

Bei Vergleichung der verschiedenen Darstellungen, welche die Philosophie des Cartesius in historisch-philosophischen Werken gefunden hat, drängt sich bald die Bemerkung auf, dass dieselben in den wichtigsten Punkten grosse Differenzen zeigen, ja oft zu gegenseitig sich durchaus widersprechenden Urtheilen und Resultaten kommen.

Grade dieser Umstand aber ist ganz besonders geeignet, denjenigen, welche das cartesianische System kennen lernen wollen, die Mahnung seines grossen Urhebers an die Nachkommen ins Gedächtniss zu rufen: „nie etwas, das man ihnen als cartesianisch bezeichnen werde, dafür zu halten, wenn er es nicht selbst veröffentlicht habe [1]," was wohl

---

[1]) de meth VI. S. 36. Die Citate beziehen sich auf die Frankfurter Ausgabe der opera philosophica und epistolae vom Jahre 1692 (Sumptibus Friderici Knochii). Uebersetzungen einzelner Citate habe ich, soweit mir solche zu Gebote standen, theilweise benutzt, z. B. René Descartes' Hauptschriften zur Grundlegung seiner Philosophie. Ins Deutsche übertragen von Kuno Fischer. Heidelberg, 1868.

nichts anderes sagen will, als man möge die Kenntniss seiner Philosophie aus einer unbefangenen Lesung seiner Schriften schöpfen und nicht mit vorgefassten Meinungen an dieselbe herangehen.

Ein Versuch, im Sinne dieser Aufforderung, die Lehre über das Verhältniss von Geist und Körper im Menschen, die zu den am meisten der Controverse unterworfenen Lehren des Cartesius gehört, einer neuen, auf unmittelbarem Studium seiner Werke basirenden Darstellung zu unterziehen, soll in der vorliegenden Abhandlung geliefert werden.

Einleitung.

> Quaevis philosophia integra se ipsam
> sustentat: atque dogmata ejus sibi
> mutuo et lumen et robur adjiciunt:
> quod si distrahantur peregrinum
> quiddam et durum sonant.
> Baco v. Verulam.
> de dign. et augm. scient. III. 4.

Der Darstellung eines Bruchstückes aus der Philosophie des Cartesius, wie es seine Lehre über das Verhältniss von Geist und Körper im Menschen thatsächlich ist, muss des Zusammenhanges halber eine einleitende Auseinandersetzung der Grundlagen und Resultate der metaphysischen Untersuchung vorausgeschickt werden, auf denen jene zu betrachtende Speziallehre beruht. Vergegenwärtigen wir uns also in Kurzem den Gang des cartesianischen Philosophirens.

Cartesius geht von einem allgemeinen Zweifel an Allem aus, worin sich nur der kleinste Verdacht der Unsicherheit findet. Das Einzige, woran ich nicht zweifeln kann, ist das Zweifeln selbst und überhaupt das Denken, was bei unserem Philosophen als Gesammtbezeichnung für alle unmittelbar bewussten psychischen Vorgänge dient. Damit ist aber auch die Existenz meiner selbst, d. h. meines Geistes bewiesen, denn ohne zu existiren, könnte ich nicht denken.

Aus dem primitiven einleuchtenden Satze: „ich denke, also bin ich," ergiebt sich einerseits die Wesensbestimmung des Geistes als einer Substanz, deren ganze Natur bloss im Denken besteht, andererseits ein Kriterium aller Wahrheit und Gewissheit, indem der die Wahrheit und Gewissheit des ersten Satzes verbürgende Grund zur allgemeinen Norm der Wahrheit und Gewissheit erhoben wird: die Evidenz nämlich, d. h. das Einleuchten einer Sache für den Intellekt (worunter man Vernunft und Verstand zu begreifen hat.)

Dieses Kriterium harmonirt aufs Beste mit der absoluten Wahrhaftigkeit Gottes, dessen Dasein Cartesius zunächst beweist; es findet an ihr, so zu sagen, den ersten Probierstein seiner Gültigkeit. Denn es wäre ungereimt, zu behaupten, dass Gott im eigentlichen und positiven Sinne die Ursache der menschlichen Irrthümer sei, oder dass er uns, seine Geschöpfe, in beständiger Täuschung halte, und darum können wir eben ohne Bedenken der einleuchtenden Klarheit unseres Intellekts vertrauen.

Nun haben wir ein natürliches und unabweisbares Bestreben zu glauben, dass Dinge ausser uns existiren, und da dasselbe sich auf die klare und deutliche Erkenntniss gewisser Denkweisen stützt, die im Geiste nur durch Einwirkung von Dingen entstehen können, die von ihm verschieden sind, so ist in der That unsere Ueberzeugung von ihrer Existenz gerechtfertigt. Demnach erkennen wir in der Welt zwei Substanzen, die von Gott geschaffen sind: die denkende Substanz oder den Geist und die körperliche Substanz oder die Natur. Das Wesen der letzteren besteht in der blossen Ausdehnung, worin die Figurabilität, die Theilbarkeit und die Beweglichkeit in den Theilen eingeschlossen ist. Alle Naturwesen als solche sind rein mechanischen Gesetzen unterworfen und selbst die Thiere dürfen für nichts Anderes als Automate der Natur angesehen werden. Wir haben aber in uns nicht nur Vorstellungen (die äussern Sinneswahrnehmungen), die uns die Existenz von Körpern ausser uns beweisen, sondern auch innere Wahrnehmungen (die Gefühle der Lust, des Schmerzes u. s. w.), die ebenso unläugbar darthun, dass ein gewisser Körper näher als alle andern Jedem von uns zugehört und als der Jedem eigene zu bezeichnen ist.

Hiernach können wir uns der Ueberzeugung nicht entziehen, dass unser Geist mit einem aus der Natur entnommenen Körper vereint ist, kurz dass wir als Menschen aus Geist und Körper zusammengesetzt sind. Das Verhältniss nun, in welchem nach Cartesius Geist und Körper im Menschen zu einander stehen, näher zu erläutern, soll jetzt unsere Aufgabe sein.

Wir werden dembehufs dasselbe am besten in ein negatives und ein positives Verhältniss zerlegen und beide einzeln in zwei Abschnitten untersuchen. Hieran wird sich sodann in einem dritten Abschnitt eine Kritik der vorgelegten cartesianischen Lehren anschliessen.

I. Abschnitt.

Das negative Verhältniss von Geist und Körper.

„Il est toujours certain, qu'on ne peut se livrer à létude de l'homme, et méditer sur les fonctions qu'il exécute, sans reconnaître aussitôt qu'il jouit de deux modes d'existence, dont l'un lui est commun avec tous les êtres vivans; je veux parler, de son existence comme animal, et l'autre lui est spécial, le constitue essentiellement comme homme; je veux dire qu'il a seul la vie intellectuelle."
Dufour, Etude de l'homme I. S. 75.

Das negative Verhältniss von Geist und Körper besteht in ihrer sowohl numerischen als wesentlichen Verschiedenheit, die sich aus den in der cartesianischen Metaphysik des Geistes und in der Naturphilosophie entwickelten Begriffen dieser beiden Substanzen unmittelbar ergiebt. Das Wesen des Geistes besteht im Denken, das des Körpers in der blossen Ausdehnung. „Denken und Ausdehnung aber sind toto genere verschieden[1])."

Mit Bezug auf sein Kriterium der Wahrheit und Gewissheit drückt sich Cartesius auch so aus:

„Obgleich ich einen Körper habe, der mir sehr eng verbunden ist, so besitze ich doch einmal eine klare und deutliche Idee meiner selbst, sofern ich lediglich ein denkendes Wesen bin, nicht aber ein ausgedehntes, und dann habe ich eine deutliche Idee des Körpers, sofern derselbe nur ein ausgedehntes Wesen ist, nicht aber ein denkendes und darum ist es gewiss, dass ich (d. h. mein Geist) von meinem Körper wirklich verschieden bin."[2]) Allerdings dürfen den Begriffen über die Wesenheit von Geist und Körper nicht die sinnlichen Wahrnehmungen zu Grunde gelegt werden, denn „diese lehren uns nicht, was beide ein jeder für sich sind[3])." Nur das reine Denken vermag vor Täuschung zu bewahren und uns für die Wahrheit der Wesensverschiedenheit von Geist und Körper Bürgschaft zu leisten.

Das negative Verhältniss dieser Substanzen bedarf demnach, da Cartesius es so deutlich ausgesprochen hat, keiner weitläufigen Erörterung und es interessirt uns hier hauptsächlich auch nur insofern, als es einerseits eine Verschiedenheit des Werthes zwischen den Bestand-

---

[1]) obj. et resp. III. S. 83.

[2]) medit. VI. S. 34. Man vergleiche auch: Rationes more geometrico dispositae S. 79, ebenso ep. II, 2 (IV): Ex eo solo quod quis clare et distincte concipiat duas naturas animae et corporis tanquam diversas, patet eas esse revera diversas.

[3]) princ. philos. II, 3: Satis erit, si advertamus, sensuum perceptiones nou referri, nisi ad istam corporis humani cum mente conjunctionem et nobis quidem ordinarie exhibere, quid ad illam externa cerpora prodesse possint aut nocere; non autem ... nos docere, qualia in seipsis existant.

theilen des Menschen begründet und andererseits ohne dasselbe ein Verständniss des menschlichen Lebensprozesses unmöglich ist.

Dass Cartesius dem Geiste den Vorrang über den Körper zugesteht, dafür spricht seine ganze Philosophie, deren Hauptbestreben es ja ist, mit der Verschiedenheit des Geistes vom Körper auch die Erhabenheit und Herrschaft des ersteren über den letzteren trotz aller Anfeindungen seitens der Materialisten, wie eines Hobbes, Gassendi darzuthun. An vielen Stellen bezeichnet er aber auch ausdrücklich den Geist als den edleren Theil des Menschen [1]) und nennt ihn weit vorzüglicher als den Körper [2]). Dieser Vorzug des Geistes beruht in seiner im freien Willen [3]) und in der Intelligenz sich offenbarenden Gottähnlichkeit, „durch die wir uns sogar verleiten lassen, den Geist als eine Emanation der höchsten Intelligenz Gottes und gleichsam als einen Theil des göttlichen Hauches zu betrachten [4])".

---

[1]) epistola Cart. ad principiorum phil. interpretem Gallicum.

[2]) ep. I, 7 S. 13, vergl. auch ep. I, 85: Etsi vis vegetandi et sentiendi in brutis sint actus primi, non tamen idem sunt in homine, quia mens prior est saltem dignitate.

[3]) cfr. medit IV, S. 24.

[4]) ep. I, 35 S. 66. — quum animae nostrae natura aliquam cum ejus (sc. Dei) natura cognationem habeat, animum inducimus illam esse a suprema ejus intelligentia emanationem quandam et divinae quasi particulam aurae. Dass das „animum inducimus" in dieser Stelle so zu übersetzen ist, wie wir es im Texte gethan haben, erhellt aus den unmittelbar darauf folgenden Worten desselben Briefes: (Deus) multa creavit, quorum pars sumus minima. (Damit vergl. man resp. V S. 223.) Eine andere Auffassung dieser Stelle giebt sonst Gelegenheit mit X. Schmidt aus Schwarzenberg (René Descartes und seine Reform der Philosophie, Nördlingen 1859) bei Cartesius den Creationsbegriff mit dem Emanationsbegriffe zu identificiren, woraus natürlich eine Menge unbegründeter Einwürfe gegen den Cartesianismus entspringen müssen.

Auch wird der Geist von Cartesius schon dadurch dem Körper voran gestellt, dass er „nicht blos eher und gewisser, sondern auch einleuchtender" als dieser erkannt wird [1]), eine Wahrheit, welche nur solche Leute sich verhehlen können, „die ihren Geist nie über die sinnlichen Dinge erhoben haben, und daher nichts für begreiflich halten, wovon sie in der Phantasie sich kein Bild machen können" [2]). Gehen wir zum Lebensprozesse des Menschen über, so äussert sich in diesem das negative Verhältniss von Geist und Körper darin, dass ersterer nicht durchaus das Bewegungsprincip des letzteren ist und mit dem eigentlichen Leben desselben in mancher Hinsicht nichts zu schaffen hat. „Schon der Umstand, dass es unzweifelhaft leblose Körper giebt, welche sich auf viel mannigfachere Weise bewegen können, als die unsrigen und welche ebensoviel oder mehr Wärme haben, als unsere Körper, wie z. B. das Feuer, muss uns, sagt Cartesius, zu der Annahme bringen, dass alle Wärme und alle Bewegungen in uns, soweit sie nicht vom Denken abhängen, allein dem Körper angehören. [3])

„Diese Annahme bestätigt sich ganz offenbar durch die Beobachtung, dass bei Convulsionen der Körper gegen den Willen des Geistes oft heftiger und verschiedenartiger sich bewegt; als er auf Gebot des Willens sich zu bewegen pflegt." [4])

„Ein vor allen zu erwähnender Irrthum aber besteht darin, dass man, weil an Leichnamen keine Bewegung, daher auch keine Wärme wahrgenommen wird, geglaubt hat, die Abwesenheit der Seele sei die Ursache des Verschwindens jener Bewegung und Wärme. Und so haben die Menschen mit Unrecht sich überredet, unsere natürliche Wärme und alle Bewegungen unseres Körpers hingen von der Seele ab, während sie doch hätten meinen

---

[1]) med. II und princ. philos. I, 11. [2]) de meth. IV, S. 20. [3]) de pass. I, 4. [4]) ep. I, 67, S. 168.

sollen, dass die Seele bei unserem Tode nur desshalb scheide, weil jene Wärme erkaltet und die Organe, welche zu den Bewegungen des Körpers dienen, verdorben sind."[1])

„Um also den gewöhnlichen Irrthum zu vermeiden, müssen wir erwägen, dass der Tod niemals in Folge eines Gebrechens der Seele eintritt, sondern nur weil eines der Hauptorgane des Körpers verdorben ist, dass also der Körper eines lebendigen Menschen sich von dem eines todten ebenso unterscheidet, wie eine Uhr, die geht und ihre Bewegungen zu verrichten im Stande ist, von einem zerbrochenen Uhrwerke, in welchem das bewegende Prinzip aufgehört hat, thätig zu sein."[2]) „Kurz man muss den menschlichen Körper als eine Maschine ansehen, die als ein Werk Gottes unvergleichlich besser geordnet ist, als irgend eine, welche Menschen haben erfinden können."[3]) — „Und wie schon Uhren, künstliche Quellen, Mühlen und dergleichen von Menschen verfertigte Maschinen die Kraft besitzen, sich auf viele und mancherlei Weise zu bewegen, so lässt sich in der von Gott gebildeten Maschine keine Grenze bestimmen, über welche die Fähigkeit der Bewegungen nicht hinausreichte."[4])

Worein setzt nun überhaupt, so werden wir wohl nach allem diesem zu fragen veranlasst sein, Cartesius das von uns gewöhnlich so benannte Leben des Körpers? Wie erklärt er die von der Seele unabhängige Bewegung desselben näher? Denn wenn der menschliche Körper, wie er sagt, ein Mechanismus ist, der aus Knochen, Nerven, Muskeln, Adern, Blut und Haut so geordnet und zusammengesetzt ist, dass dieser Körper auch ohne den innewohnenden Geist doch alle die Bewegungen haben würde,

---

[1]) de pass I, 5. [2]) de pass I, 6, vergl. auch resp. II, S. 71.
[3]) de meth. V, S. 29. [4]) tract. de hom. 2 S. 2.

die jetzt in ihm unabhängig vom Wollen, also nicht vom Geiste aus erfolgen,[1]) so ist es sicherlich, wenn gleich schwierig, doch nicht unmöglich, uns einen Einblick in den Bau dieser Maschine zu gewähren und uns wenigstens über das bewegende Prinzip derselben Auskunft zu geben.

Ehe wir die Antwort des Cartesius hören, müssen wir einer Entdeckung erwähnen, welche in die Jugendzeit unseres Philosophen (in das Jahr 1610) fällt und deren geschickte selbstständige Benutzung in seinen anthropologischen Forschungen eine wichtige Rolle spielt, nämlich der Entdeckung des vollständigen Kreislaufes des Blutes, sowie der daran sich knüpfenden Deutung der Funktionen des Herzens bei Säugethieren (und damit auch beim Menschen) und bei Vögeln durch Wilhelm Harvey, Leibarzt des englischen Königs Karl.[2])

Die Erklärung dieser Blutcirculation finden wir in verschiedenen Schriften des Cartesius sehr ausführlich behandelt.[3]) In die rechte Herzabtheilung tritt das Blut durch die Hohlvene ein und verlässt dieselbe durch die arteriöse Vene (Lungenarterie), die sich in viele in die Lungen führende Zweige theilt. Aus den Lungen gelangt sodann das Blut durch die venöse Arterie (Lun-

---

[1]) medit. VI, S. 37 u. f.
[2]) cfr. Synopsis der Naturgeschichte des Thierreichs von J. Leunis, 1860, S. 38; und Flourens, Histoire de la découverte de la circulation du sang, 1854.
[3]) cfr. de meth. V, S. 25 u. f.
    de hom. I, 5 u. f.
    de form. foetus II, 9 u. f.

Cartesius schloss sich übrigens nicht in allen Punkten streng an Harvey an. Seine Differenz von demselben giebt er selbst (ep. I, 76) dahin an: Quippe quamvis circa sanguinis circulationem cum Hervaeo plane consentiam ... tamen circa motum cordis omnino ab eo dissentio. Harvey's Ansicht ist indess die richtigere und bis heutigen Tages gültige.

genvene) in die linke Herzabtheilung, um von da durch die grosse Arterie (Aorta) in alle Körpertheile zu gehen. Eilf kleine Klappen schliessen und öffnen die vier Ausgänge aus den Herzhöhlungen und verhindern, dass das Blut seinen normalen Weg verlasse.

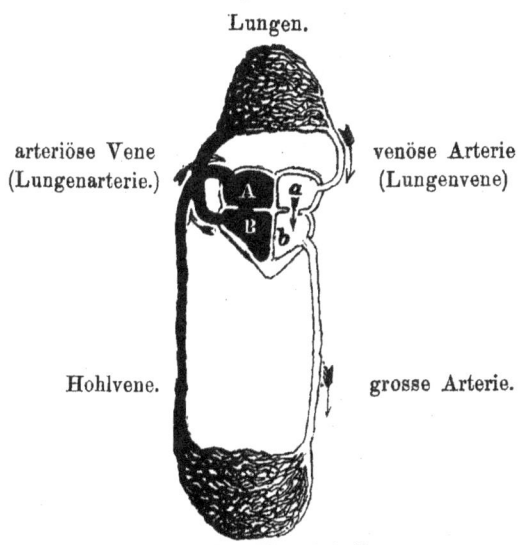

A, B, rechte Herzabtheilung.
a. b. linke Herzabtheilung.

Indem Cartesius den Leser in die Kenntniss dieser wenigen anatomischen Sätze einweiht, ist er im Stande, ihm die oben gestellten Fragen zu beantworten. „Das Leben," sagt er, „besteht einzig in der Wärme des Herzens"[1] „Gott hat im Herzen (genauer: in den Poren des Herzfleisches)[2] des Menschen ein Feuer ohne Licht entzündet, ähnlich dem Feuer, welches den Heuhaufen erhitzt, der eingeschlossen wurde, ehe er trocken war, oder welches die jungen Weine kocht, wenn man sie im

---

[1] ep. II 23, S. 89, man vergl. auch: ep. I 67, S. 169 und ep. II. 40.
[2] de hom. 4, S. 7.

Fass gähren lässt,¹) (oder wie es etwa auch beim Hineinschütten einer grossen Menge Eisenfeihle in Scheidewasser entsteht.²) Der Brennstoff dieses Feuers ist das Blut."³)

Dasselbe tritt, wenn beide Herzabtheilungen kein Blut enthalten, aus der Hohlvene in die rechte und aus der Lungenvene in die linke Herzabtheilung. „Sobald auf diese Weise zwei Tropfen Blut, jeder in eine der beiden Abtheilungen eingedrungen sind, so müssen sich diese Tropfen, die nur sehr dick sein können, weil die Oeffnungen, durch welche sie eindringen, breit und die Gefässe, aus denen sie kommen, voll von Blut sind, verdünnen und ausbreiten wegen der Wärme, die sie dort finden. So lassen sie das Herz anschwellen und daher kommt es, dass sie die 5 Klappen zustossen und schliessen, die sich beim Eintritt jener beiden Gefässe befinden, aus denen sie entspringen. Hierdurch aber verhindern sie, dass mehr Blut in das Herz hinabströmt und fahren nun fort, sich immer mehr zu verdünnen. In Folge dessen öffnen sie sodann die 6 übrigen Klappen, welche sich beim Eintritt der beiden andern Gefässe befinden, durch die jene beiden Tropfen wieder ausströmen und lassen alle Zweige der Lungenarterie und der grossen Arterie fast in demselben Augenblicke anschwellen, als das Herz selbst. Dieses, wie auch die Arterien, zieht sich gleich nachher wieder zusammen, weil das eingedrungene Blut sich abkühlt (wodurch? wird sich bald zeigen!). Ihre sechs kleinen Klappen schliessen sich und die fünf der Hohlvene und der Lungenvene öffnen sich wieder und lassen abermals zwei andere Tropfen Blut hindurch, die das Herz und die Arterien ganz wie die vorigen von neuem anschwellen."⁴)

---

¹) de meth. V, S. 24, ²) ep. I, 52, S. 89. ³) ep. I, 52. ⁴) de meth. V, S. 26.

Eine wichtige Rolle beim Blutumlaufe spielt der Respirationsprozess. Cartesius sagt uns hierüber:

„Das Fleisch der Lungen ist zart und weich und durch die eingeathmete Luft so abgekühlt, dass in ihnen das zu Dünsten ausgedehnte Blut, wenn es durch die Lungenarterie eintritt, sich verdichtet und wieder in Blut verwandelt. Von da fällt es (wie wir bereits wissen) tropfenweise in die linke Herzabtheilung und wenn es hineinträte, ehe es wieder so verdichtet wäre, so würde es nicht geschickt sein, dem Feuer des Herzens als Brennstoff zu dienen. Und so sehen wir, dass das Athmen, welches in dieser Maschine den Zweck hat, jene Dünste zu verdicken, nothwendig ist, um dieses Feuer zu erhalten."[1]) Auch der Vorgang der Verdauung ist jetzt, wie Cartesius meint, leicht einzusehen.

„Die Verdauung," sagt er, „geht im Magen dieser Maschine mittelst gewisser Flüssigkeiten (flüssiger Bluttheichen)[2]) vor sich, welche zwischen die Theile der Nahrung sich drängen, diese von einander trennen, gegen einander bewegen und erwärmen, wie z. B. Wasser ungelöschten Kalk; und da diese Flüssigkeiten vom Herzen durch die Arterien zum Magen kommen, so müssen sie natürlich sehr warm sein. Dazu kommt, dass die Speisen oft derartig sind, dass sie sich selbst erhitzen, wie etwa nicht ganz trockenes Heu.[3]) Man muss nun bemerken, dass die Speisetheilchen in Folge der Gährung, in welche sie durch die Erwärmung kommen, wobei auch die Bewegung des Magens und der Eingeweide und die Beschaffenheit der dünnen Fasern, aus denen die Eingeweide bestehen, in Betracht zu ziehen sind, nach erfolgter Verdauung allmählig in jenen Kanal (den

---

[1]) de hom. 6, S. 9. Man vergleiche auch: de form. foetus II, 14, S. 165.
[2]) de meth. V, S. 28.
[3]) de hom. 3, S. 4.

Darmkanal) hinabsteigen, wo die dickeren Theile abgesondert werden müssen, während inzwischen die feineren und heftiger bewegten Theilchen hier auf unzählige kleine Poren stossen, durch welche sie in die Aeste einer grossen zur Leber führenden Vene, sowie in andere, anderswohin führende Venen fliessen.[1]) Da diese dünnen Speisetheilchen ungleich und noch unvollkommen gemischt sind, so bilden sie eine Flüssigkeit (Chylus), die ganz trübe und weisslich bleiben würde, wenn sie sich nicht mit der in allen Venenstämmen enthaltenen Blutmasse vermischte. Besonders sind die Poren der Leber so eingerichtet, dass die in sie hineingetretene Flüssigkeit durch Verdünnung und Durcharbeitung die Farbe und die Gestalt des Blutes erhält: sowie ja auch der weisse Saft schwarzer Trauben durch die Gährung in rothen Wein sich verwandelt."[2]) Das in den Venen enthaltene Blut fliesst sodann in die rechte Herzabtheilung. „Ist nun," sagt Cartesius weiter, „der Prozess, wodurch sich der Speisesaft in Blut verwandelt, nicht leicht zu verstehen, wenn man bedenkt, dass sich das Blut, indem es durch das Herz hindurchgeht und wieder hindurchgeht, täglich vielleicht mehr als 100- oder 200 mal destillirt? Und was braucht man weiter, um die Ernährung und Produktion der verschiedenen Säfte des Körpers zu erklären, ausser das Blut, welches vom Herzen, wo es sich verdünnt, nach den äussersten Enden der Arterien fliesst und dabei macht, dass einige seiner Theile in den Gliedern zurückbleiben und hier gewisse andere Theile verdrängen, deren Raum sie einnehmen, und dass nach der Lage, Figur und Kleinheit der Poren, die sie antreffen, die einen lieber als die andern an gewisse Stellen gehen, sowie Jeder es bei verschiedenen Sieben gesehen haben kann, die, auf mannigfaltige Weise durchlöchert, dazu dienen, verschiedene Getreidearten von einander

---

[1]) de hom 3. [2]) de hom. 4, S. 6.

zu sondern?¹) Besonders beachtenswerth ist, dass die lebendigeren, stärkeren und feineren Theilchen des Blutes in die Höhlungen des Gehirns steigen, was dadurch bewirkt wird, dass die Arterien, welche dahin führen, am meisten der graden Linie folgen."²) „Was nun diese Theilchen betrifft, so dienen sie nicht nur dazu, die Substanz des Gehirns zu ernähren und zu ersetzen, sondern sie bringen auch einen feinen Hauch oder vielmehr eine sehr bewegliche und reine Flamme hervor, welche mit dem Namen der Lebensgeister bezeichnet wird. Nur die feinern Theilchen des Blutes können durch die zarten Netzchen, welche am Boden der Hirnhöhle ausgespannt sind, hindurchdringen, die grösseren aber nicht, da die Poren dieser Netzchen zu eng sind. Die hier zurückbleibenden grösseren Theilchen theilen den kleineren die Bewegung, welche sie verlieren, mit und diese treten daher um so schneller in das Gehirn, und zwar an eine bestimmte Drüse (die Zürbeldrüse), welche wie eine ergiebige Quelle betrachtet werden kann, von der die Lebensgeister ausgehen und gleichzeitig nach allen Richtungen in die Räume des Gehirns hineinströmen."³). „Sowie aber die Lebensgeister in die Höhlungen des Gehirns kommen, so dringen sie in die Poren seiner Substanz, und von da aus in die Nerven ein. Je nachdem sie nun vorzugsweise in die einen oder die andern Nerven treten, ändern sie die Figur der mit den bestimmten Nerven verbundenen Muskeln und bringen so die Bewegung aller Glieder hervor." „Es verhält sich damit," meint Cartetius, „grade so, wie bei den in Grotten angebrachten Wasserkünsten, die wir in den Gärten der Könige sehen können, wo einzig die Kraft, mit der das Wasser beim Austritt aus der Quelle fortfliesst, genügt, dass im Garten verschiedene Maschinen

---

¹) de meth. V, S. 28. ²) de hom 12, S. 18. ³) de hom. 14, Seite 21.

sich bewegen, ja dass sie auch gemäss der wechselnden Anordnung der Röhren, durch die das Wasser zu ihnen geleitet wird, mit manchen Gliedern zu spielen, oder wohl gar einige Worte zu sprechen vermögen.[1]
. In der That können (so fährt er fort) die Nerven der menschlichen Körpermaschine am besten mit den Röhren dieser Wasserkünste, die Muskeln und Sehnen mit verschiedenen anderen zur Bewegung dienenden Vorrichtungen und Werkzeugen, die Lebensgeister endlich mit dem Wasser, das dieselben in Thätigkeit setzt, verglichen werden, wobei man sich das Herz als Quelle, und die Hirnhöhlen als Wasserbehälter denken mag. Mit der Athmung und ähnlichen regulären und natürlichen Thätigkeiten, welche von dem Flusse der Lebensgeister abhängen, hat es kein anderes Bewandniss, als mit den Wasseruhren oder den perpetuellen Veränderungen, welche der gewöhnliche Lauf des Wassers hervorrufen kann. Die äusseren Objecte, welche durch ihre blosse Gegenwart auf die Sinnesorgane dieser Maschine einwirken und sie dadurch zu verschiedenen Bewegungen determiniren, sind gleichsam die fremden Zuschauer, die ohne es zu ahnen, durch ihren Eintritt in manche Grotten dieser Wasserkünste das vor ihnen geschehende Schauspiel veranlassen. Denn sie können in diese Grotten nicht hineingehen, ohne auf derartig eingerichtete Federn zu treten, dass z. B. bei ihrem Herannahen eine badende Diana in's Schilf sich verbirgt, dass bei weiterem Vordringen ein mit seinem Dreizack drohender Neptun erscheint, oder dass plötzlich, wenn sie eine andere Richtung einschlagen, irgend ein Seeungeheuer hervorspringt und ihnen Wasser in's Gesicht speit und was dergleichen mehr von dem Werkmeister eingerichtet worden ist, der diese Wasserkünste baute.[2] Um den Vorgang der Bewegung der Gliedmassen deutlicher

---

[1] de hom. 15, S. 23. [2] de hom 16, S. 24.

einzusehen, müssen wir noch Einiges über den Bau der Muskeln und Nerven hier anfügen.

„Die einzige Ursache aller Bewegungen der Glieder," sagt Cartesius, „ist die, dass gewisse Muskeln sich zusammenziehen und diejenigen, welche auf der entgegengesetzten Seite (des Gliedes) ihnen entsprechen, sich ausdehnen.

Dass aber grade ein bestimmter Muskel sich kontrahirt, und nicht der ihm gegenüber liegende, rührt einzig daher, weil etwas mehr Lebensgeister zu ihm, als zum andern hinströmen. Denn die Lebensgeister, welche unmittelbar aus dem Gehirn kommen, genügen allein nicht zur Bewegung dieser Muskeln, sondern sie können dies nur dadurch bewirken, dass sie andere schon in diesen beiden Muskeln befindliche Lebensgeister schnell aus einem derselben auszutreten und in den andern überzugehen nöthigen. In Folge dessen wird der Muskel, welchen sie verlassen, länger und schlaffer, während jener, in welchen sie einströmen, sich rasch aufbläht und verkürzt, wodurch er das Glied, an das er angeheftet ist, mit fortzieht. Dies ist leicht zu begreifen, wenn man festhält, dass nur wenige Lebensgeister beständig aus dem Gehirn in jeden Muskel kommen, dass dagegen immer sehr viele andere im Muskel selbst eingeschlossen sind und sich in ihm mit grosser Geschwindigkeit im Kreise bewegen, wenn sie keine Wege um zu entweichen und in den gegenüberliegenden Muskel zu fliessen, finden. Es sind nämlich in beiden Muskeln kleine Spalten, durch die jene Lebensgeister aus dem einen in den andern gelangen können, und zwar haben diese Spalten die Einrichtung, dass von den Lebensgeistern, welche aus dem Gehirn zu einem der beiden Muskeln mit etwas grösserer Gewalt strömen, als jene, die zum andern hingehen., einerseits alle Spalten offen gehalten werden, durch welche die Lebensgeister des letzteren Muskels in den ersteren übergehen und andererseits alle jene Spalten geschlossen werden, durch welche die Lebensgeister des ersteren Muskels in den letzteren strömen können. Auf diese Weise fliessen alle Lebensgeister, die vorher in diesen beiden Muskeln enthalten waren, auf das Schnellste in einen derselben, blähen ihn auf und verkürzen ihn, während der andere sich ausdehnt und schlaffer wird."[1])

„Es sind jetzt noch die Ursachen zu erforschen, welche bewirken, dass die Lebensgeister nicht immer in derselben Weise und oft in grösserer Menge in die einen als in die andern Muskeln vom Gehirn her einströmen. Ausser der Thätigkeit der Seele, die (wie erst später zur Sprache kommen kann) in uns eine dieser Ursachen ist, giebt es noch zwei andere, welche allein vom Körper abhängen.

Die erste besteht in der Verschiedenheit der Bewegungen, welche in den Organen unserer Sinne durch die Objecte derselben hervorgerufen werden. Um dies einzusehen muss man die Einrichtung der Nerven genau kennen. An denselben sind 3 Stücke zu berücksichtigen: zunächst ihr Stoff oder ihre innere Substanz, welche in dünnen Fäden vom Gehirn entspringt und bis zu den Enden der Glieder sich erstreckt, an denen diese Fäden sich anheften; sodann die Häute, welche sie umgeben und deren Continuität mit den das Gehirn einschliessenden Häuten zur Folge hat, dass sie kleine Röhren bilden, in welchen jene dünnen Fäden enthalten sind; endlich die Lebensgeister, welche in diesen Röhren vom Gehirn bis in die Muskeln gelangen können und es bewirken, dass die Nervenfäden ganz frei und derart gespannt bleiben, dass auch der kleinste Gegenstand, der denjenigen Theil des Körpers bewegt, an dessen Ende irgend einer dieser Fäden angeheftet ist, auch den Theil des Gehirns in Bewegung setzt, aus welchem der Nerv entspringt, wie ja, wenn das eine Ende eines

---

[1]) de pass. I, 11.

Seiles fortgezogen wird, auch das ihm entgegengesetzte Ende in Erschütterung kommt."[1])

„Alle Perceptionen, wie Töne, Gerüche, Farben, Geschmack (die den äussern Sinnen), Hunger, Durst, (die dem innern Sinn angehören) entstehen durch eine Bewegung in unsern Nerven, welche mittelst ihrer sich in's Gehirn fortpflanzt. Diese mannigfachen Bewegungen des Gehirns können (ausserdem, dass sie in unserer Seele verschiedene Empfindungen hervorrufen, wie wir später sehen werden) auch ohne die Seele bewirken, dass die Lebensgeister ihren Lauf grade nach gewissen Muskeln richten und so unsere Glieder bewegen." Cartesius führt hierfür viele Beispiele an. „Wenn Jemand seine Hand schnell gegen unsere Augen ausstreckt, als wollte er uns schlagen und wir auch wissen, dass er uns freundlich gesinnt ist und nur zum Scherz dies thut, keineswegs uns aber etwas Uebles zufügen wird, so können wir uns doch kaum enthalten, die Augen zu schliessen. Dies zeigt, dass wir sie nicht mit Hülfe der Seele schliessen, da dies ja gegen unsern Willen geschieht, sondern dass die Maschine unseres Körpers so zusammengesetzt ist, dass die Bewegung jener Hand gegen unsere Augen eine andere Bewegung in unserem Gehirn hervorruft, welche die Lebensgeister in die zur Herabdrückung der Augenlieder bestimmten Muskeln führt."[2]) „Wenn desgleichen jene, die hoch herabfallen, die Hände gegen die Erde vorstrecken, um ihren Kopf zu schützen, so thun sie dies sicherlich nicht in Folge einer vernünftigen Ueberlegung, sondern nur, weil das bis zum Gehirn dringende Bild des bevorstehenden Falles die Lebensgeister grade so in die Nerven sendet, wie es geschehen müsste, um dieses **Manöver** an einer Maschine zu erzielen."[3])

---

[1]) de pass. I, 12. [2]) de pass I, 13. [3]) resp. IV, S. 109. Man vergl. noch: ep. I 54, S. 95, und ep. I 67, S. 168.

"Eine zweite Ursache, welche dazu dient, die Lebensgeister auf verschiedene Weise in die Muskeln zu leiten, ist die ungleichförmige Bewegung derselben und die Verschiedenartigkeit der Theile, aus denen sie bestehen. Denn wenn einige dieser Theile dichter sind und heftiger bewegt werden, als die andern, so dringen sie auch viel weiter in die Höhlungen und Poren des Gehirns uud werden daher in andere Muskeln geleitet, in welche sie bei geringerer Spannkraft nicht kommen würden.[1]) Diese Ungleichförmigkeit aber kann von den verschiedenen Stoffen herrühren, aus denen sie zusammengesetzt sind. So sehen wir, dass bei Leuten, welche viel Wein getrunken haben, die Dünste desselben schnell in's Blut übergehen und aus dem Herzen in's Gehirn steigen, wo sie in Lebensgeister verwandelt werden, die dann den Körper auf sehr viele sonderbare Weisen bewegen können, weil sie stärker und reichhaltiger sind, als die gewöhnlich sich dort befindenden Lebensgeister. Diese Ungleichheit kann auch abhängen von den wechselnden Zuständen des Herzens, der Leber, der Milz und aller anderen Theile, die zur Hervorbringung der Lebensgeister etwas beitragen. Besonders muss man auf gewisse kleine Nerven achten, die am Grunde des Herzens liegen und zur Erweiterung und Zusammenziehung der Ausgänge seiner Höhlungen dienen. Denn indem sich demgemäss das Blut darin mehr oder weniger ausdehnt, erzeugt es verschieden geartete Lebensgeister."[2]) "Kurz, man muss im Ganzen festhalten, dass die Maschine unseres Körpers so construirt ist, dass alle Veränderungen in den Bewegungen der Lebensgeister auch die Oeffnung gewisser Poren vor allen andern nach sich ziehen können und dass umgekehrt eine durch die Thätigkeit der Sinnes-

---

[1]) de pass. I, 14. Desgl. de hom. 56, S. 77!
[2]) de pass. I, 15. Vergl. auch:
de hom. 62, S. 82.

nerven bewirkte grössere oder kleinere aussergewöhnliche Oeffnung einer dieser Poren, auch den Lauf der Lebensgeister verändert und ihre Ueberleitung in die Muskeln bewirkt, welche eine derartige Bewegung des Körpers hervorrufen, wie sie gewöhnlich bei Gelegenheit eines solchen Falles eintritt." „Daher hängen alle unwillkürlichen Verrichtungen, wie Athmen, Herumwandeln, kurz alle Handlungsweisen, die wir mit den Thieren gemeinsam haben, nur von der Bildung unserer Glieder und dem Wege, den die durch die Wärme des Herzens erregten Lebensgeister im Gehirn, in den Nerven und Muskeln nehmen, ab; geradeso wie die Bewegung eines Automats einzig mittelst der Kurbel und der Figur seiner Rädchen hervorgebracht wird."[1]) Cartesius spricht von allen diesen Funktionen des Körpers, die, wie er sagt, am Menschen, nicht vom Menschen vollbracht werden,[2]) in seinen Werken[3]) sehr ausführlich und legt auf die Kenntniss derselben einen grossen Werth. „Es giebt nichts, so lauten seine Worte, worin sich Jemand mit grösserem Nutzen üben kann, als wenn er sich selbst kennen zu lernen unternimmt: denn der aus dieser Kenntniss zu erwartende Nutzen betrifft nicht nur die Ethik, wie es den Meisten im ersten Augenblick scheinen könnte, sondern besonders auch die Medizin. In dieser Wissenschaft, glaube ich, hätten gewiss recht viele und sichere Vorschriften sowohl zur Abwehr von Krankheiten, als zur Vermeidung der Altersschwäche gefunden werden können, wenn die Menschen die Natur unseres Körpers hinlänglich erforscht und nicht der Seele jene Funktionen zugeschrieben hätten, die nur vom Körper und der Disposition seiner Organe abhängen."[4])

---

[1]) de pass. I, 16; vergl. auch: resp. IV, S. 109.
[2]) ep. II 2, S. 4.
[3]) besonders: de hom. und de form. foet.
[4]) Anfang des tract. de form. foet.

Eine Zusammenstellung aller dieser Funktionen würde indess trotz des Interesses, das sie zu erregen wohl im Stande sein dürfte, dem Zweck dieser Schrift nicht entsprechen und es möge uns daher vergönnt sein, dem Vorhergehenden nur noch beizufügen, wie Cartesius sich den Schlaf und das von ihm sogenannte körperliche Gedächtniss, welches wir mit den Thieren gemein haben, blos aus den Funktionen des Leibes erklärt.

„Die Ursache des Schlafes," sagt er, „ist darin zu suchen, dass die Menge der vom Herzen ausgehenden Lebensgeister nicht immer hinreicht, um den Raum des Gehirns zu erfüllen und alle seine Poren offen zu halten, wie wir dies ja auch an den Segeln der Schiffe sehen, welche sich bisweilen in Falten legen, weil der Wind zu schwach weht, um sie aufblähen zu können. So entsteht der Schlaf. Denn wenn die Poren des Gehirns geschlossen sind, so entbehren wir des Gebrauches der Sinne, wenn nicht etwa durch eine heftige Erschütterung die Lebensgeister geweckt werden und jene Poren öffnen." [1])

Die Erklärung eines rein körperlichen oder mechanischen Gedächtnisses dürfte am deutlichsten in folgenden Worten unseres Philosophen enthalten sein: „Die Objecte, welche unsere Sinne afficiren, bewegen mittelst der Nerven gewisse Theile unseres Gehirns und verursachen in ihm bestimmte Falten, welche, sobald das Object zu wirken aufhört, verschwinden; derjenige Theil aber, in welchem sie sich gebildet hatten, behält nachher die Eigenschaft, diese Falten auf dieselbe Weise wieder von neuem zu bilden und zwar durch die Einwirkung jedes beliebigen anderen Objectes, welches dem früheren einigermassen, wenn auch nicht ganz und gar ähnlich ist. [2])

---

[1]) ep I 52, S. 90.
[2]) ep. I 36, S. 74. Desgl. de hom. 72, S. 111.

Diese durch verschiedene Objecte bewirkten Falten des Gehirns vergleicht Cartesius mit den durch Zusammenbiegung eines Papiers entstandenen Falten, die auch nicht vollständig zum Verschwinden gebracht werden können. Er bemerkt, dass diese Falten in der ganzen Substanz des Gehirns (vielleicht auch in der Zirbeldrüse) aufgenommen werden, dass sie sich gegenseitig vernichten und dass ihre Anzahl zwar sehr gross, aber nicht unendlich sein kann. „Auch glaube ich," sagt er, „dass einige Eindrücke (species), die zum Gedächtniss dienen, manchen andern Theilen des Körpers inhäriren können. So haftet z. B. die Fertigkeit des Citherspiels nicht allein dem Kopfe, sondern theilweise auch den Muskeln der Hände an."[1])

Nachdem wir hiermit im Anschluss an denselben Gang der Untersuchung, welchen Cartesius in seiner unvollendet gebliebenen Schrift „über den Menschen" zu nehmen vorhatte, das negative Verhältniss von Geist und Körper und besonders die dem Körper allein angehörigen Funktionen[2]) betrachtet haben, können wir jetzt (um uns der eigenen Worte unseres Philosophen zu bedienen) daran gehen, zu zeigen, „wie diese beiden Naturen verbunden und vereinigt sein müssen, um Menschen zu bilden, die uns ähnlich sind"[3]) d. h. ihr positives Verhältniss auseinanderzusetzen. Dies ist nun die Aufgabe des nächsten Abschnittes.

---

[1]) cfr. ep. II 36, 38, 39. Es ist wohl zu beachten, was Cartesius (ep. II 38) sagt: praeter hanc memoriam, quae a corpore pendet, aliam prorsus spiritualem agnosco, quae ab anima sola pendet. Seine Aussprüche über das Gedächtniss sind aber im Ganzen etwas schwankend. Man vergleiche besonders noch ep. II 6. Im zweiten Abschnitt werden wir übrigens auch ein vom Geist und Körper abhängiges Gedächtniss kennen lernen.

[2]) Die Untersuchung derjenigen Funktionen, welche der Seele allein (selbst wenn sie mit keinem Körper vereinigt wäre) zukommen, müssen wir einer Darstellung der cartesianischen Metaphysik des Geistes überlassen. [3]) tract. de hom. 1.

II. Abschnitt.

Das positive Verhältniss von Geist und Körper.

> Nonne ita sunt in eo (sc. corpore humano) loca sensuum et caetera membra disposita, speciesque ipsa ac figura et statura totius corporis ita modificata, ut ad ministerium animae rationalis se indicet factum?
> St Augustinus
> de civ. Dei XXII 24, 4.

Das positive Verhältniss von Geist und Körper umfasst ihre Verbindung und Wechselwirkung. Wir werden dasselbe sowohl nach seinen allgemeinen Bestimmungen als auch nach seinen hauptsächlichen Aeusserungen im Menschen näher zu betrachten haben.

„Nichts lehrt mich," sagt Cartesius, „die Natur ausdrücklicher, als dass ich einen Körper besitze, mit dem es übel steht, wenn ich Schmerz empfinde, der Speise oder Trank bedarf, wenn ich Hunger oder Durst habe u. s. f. Ich darf nicht zweifeln, dass in diesen Dingen etwas Wahres ist. Weiter lehrt mich die Natur durch die Wahrnehmungen des Schmerzes, Hungers, Durstes u. s. f., dass ich meinem Körper nicht blos innewohne, wie der Schiffer dem Fahrzeuge, sondern ihm auf das engste verbunden und gleichsam mit ihm vermischt bin, so dass ich mit ihm zusammen ein gewisses einheitliches Wesen ausmache. Denn sonst würde ich, der ich nur ein denkendes Wesen bin, wenn der Körper verletzt wird, desshalb nicht Schmerz empfinden, sondern ich würde jene Verletzung schlechthin blos einsehen, wie etwa der Schiffer sieht, wenn im Schiff etwas zerbricht."[1]

Freilich darf man, wie Cartesius an Gassendi rügt, die Vermischung des Geistes mit dem Körper nicht mit

---

[1] medit. VI, S. 36. Siehe auch synopsis medit. S. 4.

der Vermischung zweier Körper vergleichen; eine solche Parallele ist schon von vorn herein desswegen unstatthaft, weil Geist und Körper toto genere verschieden sind.[1])

Wie sollen wir uns also die Vereinigung des Geistes mit dem Körper näher denken? Cartesius antwortet: „Man muss bemerken, dass Dinge, von denen wir verschiedene Ideen haben, von einem doppelten Gesichtspunkte aus für ein und dasselbe Ding gehalten werden können, nämlich entweder hinsichtlich der Einheit und Identität der Natur, oder nur hinsichtlich der Einheit der Zusammensetzung. So haben wir z. B. von Figur und Bewegung nicht eine und dieselbe Idee, wie auch nicht von Erkenntniss und Wollen, oder von Knochen und Fleisch, endlich auch nicht von Denken und einem ausgedehnten Dinge. Nichts desto weniger erkennen wir klar, dass einer und derselben Substanz, welcher Figurabilität zukommt, auch Beweglichkeit nicht abgesprochen werden kann, so dass ein figurirtes und ein bewegliches Ding ein und dasselbe rücksichtlich der Einheit der Natur sind. Ebenso begreifen wir, dass ein erkennendes und ein wollendes Wesen gleichfalls eines und dasselbe vermöge der Einheit der Natur sind; nicht aber gilt dies von zwei Dingen, deren eines wir uns beispielsweise als Knochen, das andere als Fleisch vorstellen. Wir können desshalb diese Dinge nicht vermöge der Einheit der Natur, sondern nur vermöge der Einheit der Zusammensetzung als ein und dasselbe Ding ansehen, insofern nämlich dasselbe Thier Knochen und Fleisch besitzt. Es frägt sich nun, ob wir ein denkendes und ein ausgedehntes Wesen als ein und dasselbe vermöge der Einheit der Natur ansehen sollen, so zwar, dass wir zwischen Denken und Ausdehnung etwa eine derartige Verwandtschaft oder Verknüpfung finden, wie wir

---

[1]) resp. V, S. 230.

zwischen Figur und Bewegung oder zwischen Erkennen und Wollen annehmen, oder ob wir vielmehr behaupten sollen, sie seien ein und dasselbe rücksichtlich der Einheit der Zusammensetzung, insofern sie in einem Menschen vorgefunden werden, wie Knochen und Fleisch in einem Thiere. Dies Letzte nun ist meine Behauptung, denn ich bemerke zwischen der Natur des ausgedehnten und des denkenden Wesens eine ähnliche Sonderung oder durchgreifende Verschiedenheit, wie zwischen Knochen und Fleisch."[1])

Nach Cartesius bilden also Geist und Körper im Menschen eine **Einheit der Zusammensetzung**, nicht aber eine Einheit der Natur oder der Substanz.

Diese Verbindung von Geist und Körper zu einer unitas compositionis ist sodann näher als eine **teleologische** festzuhalten. Geist und Körper sind als Substanzen in ihrer Zusammensetzung auf einander angewiesen, sie sind **für einander**. Denn nur bei dieser Auffassungsweise konnte Cartesius die Einheit von Geist und Körper so nachdrücklich und häufig eine „**reale und substantielle**" nennen[2]) und sie als so „wesentlich" bezeichnen, „dass ohne sie der Mensch nicht Mensch sei".[3]) Er billigt es daher, dass man eine **natürliche Angemessenheit** (aptitudo naturalis) des Geistes und Leibes für einander annehme[4]) und hebt es z. B. selbst ausdrücklich hervor, dass der Körper eine für Ausführung des Willens der Seele angemessene Form (aptam configurationem) besitze.[5]) Auch tadelt er seinen Anhänger Regius, weil derselbe in seinen Schriften den Menschen ein ens per accidens genannt und die

---

[1]) resp. VI, S. 134, 135.
[2]) resp. IV, S. 108; ep. I 89, S. 261 u. f.
[3]) ep. I 89, S. 269.
[4]) epistola ad Patrem Dinet. S. 298!
[5]) ep. II 6, S. 17.

Ansicht aufgestellt hatte: Geist und Körper seien nur durch die Lage oder durch ein Verhältniss des Nebeneinander verbunden. Demgegenüber behauptet Cartesius eine Verknüpfung von Leib und Seele per verum modum unionis,[1]) was wohl nach dem Vorhergehenden kaum anders, als: „durch eine teleologische Vereinigung" ¦dem Sinne gemäss übersetzt werden kann.

Einen für diese Ansicht sehr charakteristischen Gedanken spricht Cartesius in einem Briefe an Chanut aus: „Ich glaube, dass der erste Affect der Seele die Freude gewesen sei, weil es unwahrscheinlich ist, dass die Seele in ihren Körper gesetzt worden, ausser wenn dieser (für ihre Aufnahme) wohl eingerichtet war; eine treffliche Einrichtung aber erfüllt uns (d. h. unsern Geist oder unsere Seele) natürlicherweise mit Freude. Indem die Seele also gern mit dieser neuen Materie sich verband, war sie von Liebe gegen dieselbe erfüllt."[2])

Auf eben diesen teleologischen Zusammenhang von Geist und Körper bezieht es sich auch, wenn Cartesius sie unvollständige Substanzen nennt, sofern man sie nämlich in Rücksicht auf den Menschen betrachtet, während sie, für sich betrachtet, vollständige Substanzen sind.[3]) Denn darin liegt doch kein anderer Sinn, als dass Geist und Körper zwar verschiedene, unabhängig von einander zu erkennende Substanzen sind, dass sie aber rücksichtlich des aus ihnen zusammengesetzten Menschen zu ihrer Vollendung einander gleichsam bedürfen, auf einander angewiesen sind.

Jeder Zweifel aber über die teleologische Vereinigung von Leib und Seele bei Cartesius muss verschwinden,

---

[1]) ep. I 89, S. 261.
[2]) ep. I 35. S. 64.
[3]) cfr. resp. IV, S. 106; ep. I 105, ep. I 90.

wenn wir eine in zwei Briefen¹) fast wörtlich wiederkehrende Stelle in Betracht ziehen, in welcher er zur Bekräftigung der wesentlichen Bestimmung der Seele für die Verbindung mit dem Körper folgendes sagt:

„Wenn wir unter **körperlich** dasjenige verstehen, was auf den Körper Bezug hat, obwohl es anderer Natur ist, so kann auch der Geist **körperlich** genannt werden, sofern er geeignet ist, mit dem Körper vereinigt zu werden."

Indess ist wohl festzuhalten (und wir glauben in Anbetracht der Einwürfe, die uns in diesem Punkte gegen den Cartesianismus begegnen werden, dies ohne direkte Wiederholung des ersten Abschnittes besonders hervorheben zu müssen), dass in dieser Vereinigung von Geist und Körper die Wesensverschiedenheit beider nicht verloren geht. Cartesius fügt desshalb dem zuletzt angeführten Ausspruche sogleich die Beschränkung hinzu: Wenn wir unter **körperlich** dasjenige verständen, was an der Natur des Körpers theilnimmt, so passe dies Prädikat nicht auf die Seele.

Auch verwahrt er sich ausdrücklich dagegen, dass er die beiden Faktoren im Menschen in einander aufgehen lasse. Denn er weist einerseits die materialistische Ansicht zurück, welche die Substantialität des Geistes zu Gunsten des Körpers verwirft, indem er seine Missbilligung des Satzes: der Geist sei nur ein Modus des Körpers, offen ausspricht,²) will aber auch andererseits das Wesen des Menschen nicht in die reine Geistigkeit gesetzt wissen. Daher sagt er zu Arnauld: „Ich glaube mit Fleiss mich davor gehütet zu haben, Jemand zu der Meinung zu verleiten, der Mensch sei nur ein Geist allein, der sich des Körpers (als todten Werkzeuges) bedient. Denn in der sechsten Meditation, wo ich vom

---

¹) ep. II 6, S. 18 und ep. II 16, S. 74.
²) Notae in programma, S. 157.

Unterschiede zwischen Geist und Körper handelte, habe ich zugleich auch dargethan, dass der Geist mit dem Körper substantiell vereinigt sei. Und wie Jemand, der da sagte, dass der Arm des Menschen eine von seinem übrigen Körper real geschiedene Substanz sei, desswegen noch nicht behaupten würde, dass dieser Arm nicht zur Natur eines vollständigen Menschen gehöre, und ein Anderer, der den Satz aufstellte, dass der nämliche Arm zur Natur eines vollständigen Menschen gehöre, desswegen noch keine Veranlassung zu der Vermuthung gäbe, dass jener Arm nicht für sich bestehen könne, so glaube auch ich weder zu viel bewiesen zu haben, wenn ich zeigte, dass der Geist ohne den Körper sein könne, noch auch zu wenig, wenn ich behauptete, derselbe sei mit dem Körper substantiell vereinigt. Denn diese substantielle Vereinigung hindert keineswegs, dass wir vom Geiste allein, als von einem vollständigen Dinge, einen klaren und deutlichen Begriff haben. Allerdings aber läugne ich nicht, dass seine enge Vereinigung mit dem Körper die Ursache ist, warum wir seine reale Verschiedenheit von demselben nicht ohne aufmerksame Betrachtung inne werden."[1])

Die Verhütung der Meinung, dass Geist und Körper in ihrer Komposition im Menschen in einander aufgehen, ist unserem Philosophen so wichtig, dass er eine derartige Annahme sogar als der Allmacht Gottes widerstreitend darstellt. „Mag auch Gott," so sagt er in einem Briefe[2]) an Regius, „diese Substanzen (nämlich Geist und Körper) so viel er es nur immer im Stande ist, verbinden und vereinigen, so kann er sich doch desshalb seiner Allmacht nicht entledigen und sich darum die Fähigkeit nehmen, sie wieder zu trennen. Sie müssen daher verschieden bleiben."

---

[1]) resp. IV, S. 108.
[2]) ep I 95. Vergl. noch princ. phil. I 60, resp. VI. S. 145.

Obwohl also im Menschen zwei Substanzen ohne Verlust oder Beeinträchtigung ihrer Wesenheiten vereinigt sind, so ist dessenungeachtet, um in unserer Erörterung weiter fortzufahren, diese Vereinigung als eine solche zu fassen, dass die Einheit der Person im Menschen bestehen bleibt. Diese wird auch von Cartesius in einem Briefe an seine vertrauteste Schülerin, die Prinzessin Elisabeth,[1]) ausdrücklich postulirt und findet eben in dem teleologischen Verhältniss von Geist und Körper ihre Begründung. Denn wenn auch die Persönlichkeit ursprünglich im Geiste wurzelt, so wird doch der Körper in dieselbe gleichsam hineingezogen und mitaufgenommen. Hierin liegt nun der Idee nach auch schon dieses: dass zwischen den besprochenen beiden Substanzen eine gewisse Harmonie derart stattfinden müsse, dass mit den Zuständen der einen Substanz gewisse ihr correspondirende der andern Substanz sich verbinden und umgekehrt. Dieser Gedanke leuchtet unverkennbar aus folgender Stelle eines Briefes[2]) an Chanut hervor, wo es heisst: „Weil unsere Seele eine solche Natur besitzt, dass sie mit dem Körper vereinigt werden konnte, hat sie auch die Eigenschaft, dass jeder ihrer Gedanken sich mit gewissen Bewegungen und Zuständen des Körpers so verbinden kann, dass ebendieselben Zustände, wenn sie in jenem ein anderes Mal zurückkehren, denselben Gedanken der Seele vorführen, und dass umgekehrt derselbe Gedanke bei seiner Wiederkehr auch den Körper bestimmt, denselben Zustand anzunehmen."

Diese gegenseitige Determination von Geist und Körper ist aber bei Cartesius nicht etwa nur als eine

---

[1]) ep. I 30, S. 55. Elisabeth war die älteste Tochter Friedrichs V. von der Pfalz, der sein böhmisches Königreich in der Schlacht bei Prag verloren hatte, wo Cartesius bei dem Heere war, das ihn besiegte. (Siehe Kuno Fischer, Gesch. der neuen Philos. Mannheim 1865, I 1, S. 216.)

[2]) ep. I 35, S. 64.

ideale, durch ein drittes über beiden stehendes Prinzip vermittelte (wie bei Leibnitz) zu betrachten, sondern wird von ihm ausdrücklich als eine reale Wechselwirkung charakterisirt.

Auf die Einwürfe (unter Andern Gassendi's), dass aber doch zwischen zwei so heterogenen Dingen, als welche, nach seiner Lehre, Geist und Körper sich darstellen, eine gegenseitige Einwirkung unbegreiflich erscheine, antwortet Cartesius, „es sei eine ganz falsche Voraussetzung, dass Seele und Leib, weil sie zwei Substanzen verschiedener Natur sind, desshalb nicht auf einander einwirken könnten." [1]) „Die Seele brauche durchaus nicht körperlich zu sein, wenn sie auch die Macht habe, den Körper zu bewegen."[2]) „Wie der Philosoph annehmen müsse, dass Gott einen Körper bewegen kann, ohne desshalb Gott für körperlich zu halten, so müsse er auch etwas ähnliches in Betreff anderer unkörperlicher Substanzen urtheilen. „Und obwohl ich glaube, fährt Cartesius fort, dass keine Thätigkeitsweise Gott und den Creaturen univoce zukommt, so gestehe ich doch, dass ich in meinem Geiste keine Idee zur Vergegenwärtigung der Art und Weise, wie Gott oder ein Engel die Materie bewegen kann, auffinde, die von derjenigen verschieden wäre, welche mir die Art und Weise erläutert, wie ich durch meinen Gedanken (d. h. durch meine Seelenthätigkeit) meinen Körper in Bewegung setzen zu können, mir bewusst bin."[3])

Mit besonderer Vorliebe veranschaulicht Cartesius die Wechselwirkung zwischen Geist und Körper unter dem Bilde der Wirksamkeit der Schwere auf die Materie.

---

[1]) epistola ad C. L. R. in qua ad epitomen praecipuarum P. Gassendi instantiarum respondetur. S. 128.
[2]) resp. V, S. 230. Vergl. noch ep. I 29, S. 53
[3]) ep. I 69, S. 186.

Allerdings musste er sich, wenn dieser Vergleich durchaus zutreffend sein sollte, auf den Standpunkt der scholastisch-aristotelischen Philosophie stellen und die Schwere als reale Qualität des schweren Körpers, z. B. eines Steines, sie also gewissermassen als Substanz betrachten, die wenigstens durch die göttliche Macht ohne den Stein existiren könne.

Von diesem Gesichtspunkte aus ist beispielsweise eine Stelle aus seiner Antwort auf die Einwürfe Arnauld's zu verstehen; wo er unter Anderm folgendes sagt: „Wie ich die Schwere als eine reale Qualität des Körpers, dem sie innewohnt, auffasste, sie aber (weil ich eben zugab, dass diese Qualität real sei) wahrhaft für eine Substanz hielt, so wie ja auch ein Kleid an sich betrachtet Substanz, auf den bekleideten Menschen bezogen aber Qualität ist, ganz in analoger Weise kann der Geist, obschon er wahrhaft Substanz ist, dennoch die Qualität des Körpers, mit welchem er verbunden ist, genannt werden. Wiewohl ich mir nun vorstellte, dass die Schwere durch den ganzen Körper verbreitet ist, so schrieb ich ihr doch nicht dieselbe Ausdehnung zu, welche die Natur des Körpers konstituirt, denn die wahre Ausdehnung des Körpers schliesst jegliche Durchdringlichkeit der Theile aus; ja ich bemerkte, dass alle Schwere in einen mathematischen Punkt (den Schwerpunkt) zusammengezogen werden kann. Auch sah ich, dass die Schwere trotz ihrer Coëxtension mit der ganzen Materie, doch ihre volle Kraft in jedem beliebigen Theile derselben auszuüben vermag, weil sie, wenn ein Körper in irgend einem Theile an einem Faden aufgehangen wird, mit ihrer ganzen Macht den Faden anspannt, grade so, als ob die Schwerkraft nur in dem den Faden berührenden Theile allein, und nicht auch in allen übrigen Theilen verbreitet wäre. Auf keine andere Weise nun, glaube ich, wohnt auch der Geist dem Körper inne und ist ganz im ganzen

Körper und ganz in einem beliebigen Theile desselben."[1]) Dasselbe Gleichniss gebraucht er auch oft in seinen Briefen.[2]) Aber er wendet es lediglich nur dazu an, um seine Gegner, denen eine Einwirkung eines Unkörperlichen auf ein Körperliches unmöglich erschien, auf ihrem eigenen Grund und Boden zu überführen. So sagt er z. B. in der Antwort auf die Einwürfe eines Ungenannten[3]): „Die meisten Philosophen, welche die Schwere eines Steines für eine reale, vom Körper geschiedene Qualität ansehen, meinen eine zureichende Erkenntniss zu besitzen, wie jene Qualität den Körper in der Richtung nach dem Mittelpunkt der Erde bewegen könne, weil sie in dieser Hinsicht die offenbare Erfahrung für sich zu haben glauben. Ich aber, der ich die Ueberzeugung hege, dass es keine derartige Qualität in der Welt giebt[4]) und demnach auch von ihr keine wahre Idee im menschlichen Intellekt vorhanden ist, bin der Ansicht, dass Jene die Idee einer unkörperlichen Substanz, die sie in sich haben, anwenden, um sich die Schwerkraft vorzustellen. Daher macht es uns keine grössere Schwierigkeit: einzusehen, wie der Geist den Körper bewegt, als jenen Leuten, wie eine derartige Schwerkraft den Körper abwärts zieht. Auch thut es nichts zur Sache, dass sie behaupten: die Schwere sei keine Substanz; in der That fassen sie dieselbe doch als Substanz auf, wenn sie meinen, dieselbe sei real und könne durch irgend welche Macht (nämlich die göttliche) ohne den Stein existiren."[5])

---

[1]) resp. VI. S. 144.
[2]) ep. II, 6; ep. II, 16 u. s. w.
[3]) ep. II, 6. S. 17, 18.
[4]) Man vergleiche noch ep. II, 116; ep. II, 105.
[5]) Man vergleiche besonders noch ep. II, 16: Nam quod mens realiter a corpore distincta, nihilominus ei conjuncta sit a vestigiis in eo impressis afficiatur, aut etiam nova in ipsum imprimat, non difficilius potest intelligi, quam vulgo intelligitur accidentia

Die vorstehenden Erläuterungen und Gleichnisse veranschaulichen uns aber nur die Möglichkeit und Denkbarkeit der Verbindung von Leib und Seele und ihrer gegenseitigen Einwirkung auf einander. Die Frage nach dem Wie dieser Verbindung und Wechselwirkung ist immer noch offen.

Auf diesen Punkt geht Cartesius in mehreren Briefen näher ein und sucht vor Allem darzuthun, dass eine Gewissheit über die Art und Weise, wie der Geist und Körper verbunden sind und sich gegenseitig afficiren, für den Menschen überhaupt unmöglich zu erreichen sei. Bedenkt man, dass nach der Lehre unseres Philosophen das Einleuchten einer Sache für den reinen Intellekt allein volle Gewissheit gewährt, während dies weder die Imagination noch die sinnliche Wahrnehmung für sich im Stande sind,[1]) so wird man diese Bemerkung in folgenden Worten aus einem Briefe[2]) an die Prinzessin Elisabeth bestätigt finden: „Die Seele," so lesen wir dort," erfasst sich selbst nur durch den reinen Intellekt, der Körper d. h. Ausdehnung, Figur und Bewegung kann ebenfalls durch den reinen Intellekt erfasst werden, aber besser noch durch den von der Imagination unterstützten Intellekt. Dasjenige endlich, was sich auf die Verbindung der Seele mit dem Körper bezieht, wird durch den Intellekt allein oder auch durch den von der Imagination unterstützten Intellekt nur dunkel, durch die Sinne (d. h. durch die Erfahrung) aber ganz klar erkannt. Daher kommt es auch, dass Leute, die niemals philosophiren und blos ihre Sinne gebrauchen, keinen Zweifel hegen, dass die Seele den Körper bewegt und der Körper auf die Seele einwirkt. . . . . .

---

realia (nempe ab iis qui ipsa supponunt) in substantiam corpoream agere, quamvis ab ea toto genere sint diversa.

[1]) de meth IV. S. 20.
[2]) ep. I, 30.

Die metaphysischen Gedanken, welche den reinen Intellekt üben, dienen dazu, die Kenntniss der Seele uns geläufig zu machen; das Studium der Mathematik ferner, welches durch die Betrachtung von Figuren und Bewegungen die Imagination vorzugsweise beschäftigt, gewöhnt uns daran, die distinktesten Begriffe vom Körper zu bilden; achtet man endlich auf das Leben und den gewöhnlichen Verkehr, indem man sich des Nachdenkens und Grübelns über solche Dinge enthält, welche die Imagination in Thätigkeit setzen, so lernen wir die Verbindung von Seele und Körper wahrnehmen."

Nachdem Cartesius im nämlichen Briefe der Prinzessin Elisabeth seine Verwunderung ausgedrückt hat, wie sie bei ihren vielen Geschäften noch Zeit behalten könne, über die Verbindung von Geist und Körper nachzudenken, fügt er dem Vorigen die Worte bei: „Es scheint mir, dass Ew. Hoheit mehr in Folge dieser Betrachtungen als anderer Gedanken, die geringere Aufmerksamkeit erfordern, in der Kenntniss, welche wir über die Verbindung von Geist und Körper besitzen, eine Dunkelheit entdeckt haben. Denn ich glaube nicht, dass der menschliche Geist zu gleicher Zeit mit Klarheit die Verschiedenheit von Geist und Körper und ihre Verbindung auffassen könne, weil es dazu gehört, dass sie zugleich als ein einheitliches und als zwei verschiedene Wesen vorgestellt werden, was widersprechend ist."

Cartesius giebt also zwar eine reale Vereinigung und Wechselwirkung von Geist und Körper zu, denn dies lehrt uns täglich, sagt er, die gewisseste und evidenteste Erfahrung.[1]) Die Seele handelt und leidet mit dem Körper.[2]) Eine freudige Seele trägt viel zur festeren Gesundheit des Körpers bei,[3]) wohingegen der Körper in Folge zu grosser Anstrengung der Seele krank

---

[1]) ep. II, 6. S. 17. [2]) ep. I, 29. S. 52. [3]) ep. I, 15. S. 33.

wird.¹) Das Vergnügen, welches die Seele bei körperlichen Uebungen empfindet, kommt daher, weil sie sich der Kräfte und der Behendigkeit oder irgend einer anderen Vollkommenheit des mit ihr verbundenen Körpers bewusst ist.²) Kurz der Körper erscheint (gewissermassen) als das Werkzeug der Seele, und wie der Künstler, wenn er ein schlechtes Instrument hat, keine gute Arbeit liefert, so kann auch die Seele bei ungehöriger Disposition des Körpers ihre Thätigkeiten nicht in der rechten Weise äussern.³) Aber Cartesius erklärt auch eben so nachdrücklich, dass wir die Art und Weise, wie unsere Seele die Lebensgeister in diese oder jene Nerven schicke (und die körperlichen Dinge überhaupt in Bewegung setze) nicht inne werden. Unser Bewusstsein, behauptet er, erstrecke sich nur auf den Willensakt, dem das Einströmen der Lebensgeister in die Nerven und alles Uebrige, was zur Bewegung des Körpers erforderlich ist, folge. Jedoch wisse der Geist sicherlich von seiner Vereinigung mit dem Körper, denn sonst würde er wohl seinen Willen nicht auf die Bewegung der Glieder hinlenken.⁴) Da die Seele also unzweifelhaft in einer innigen (wenn gleich für uns unbegreiflichen) Verbindung und Wechselwirkung mit dem Körper steht, so bietet sich von selbst die Frage nach dem Orte dar, den sie in demselben einnimmt. Diese Untersuchung aber erinnert wiederum, wie uns scheint, unwillkürlich an den früher vorgelegten meisterhaften Vergleich des menschlichen Körpers mit einem Wasserwerk und fordert eine Vervollständigung desselben. Diese giebt auch Cartesius mit folgenden Worten: „Wenn in die Maschine des menschlichen Körpers eine vernünftige Seele gesetzt wird, so muss sie ihren hauptsächlichen

---

[1]) ep. I, 24. S. 45.
[2]) ep. I, 8. S. 17.
[3]) resp. V. S. 215. ep. II, 2. S. 5.
[4]) ep. II, 6. S. 17.

Sitz im Gehirn haben und dort dieselben Verrichtungen übernehmen, wie der Aufseher des (beschriebenen) Wasserwerks, der an denjenigen Punkten, in welchen alle Röhren der (im Garten aufgestellten) Maschinen zusammenkommen, sich aufzuhalten genöthigt ist, falls er die Bewegungen derselben auf beliebige Weise hervorrufen, verhindern oder verändern will."[1])

Genauer und wissenschaftlicher erörtert unser Philosoph diesen Punkt in der Schrift „über die Leidenschaften" und in seinen Briefen. An erstgenanntem Orte sagt er: „Man muss wissen, dass die Seele wahrhaft mit dem ganzen Körper verbunden ist und eigentlich nicht behauptet werden darf, sie sei ausschliesslich in einem besondern Theile desselben, denn der Körper ist einer und gewissermassen untheilbar in Rücksicht auf die Disposition seiner Organe, welche alle eine solche gegenseitige Beziehung haben, dass der ganze Körper verstümmelt und gebrechlich wird, sobald eines dieser Organe hinweggenommen wird. Auch steht die Natur der Seele in keiner Relation zur Ausdehnung, noch zu den Dimensionen und andern Eigenschaften der Materie, aus welcher der Körper herrührt, sondern nur zum ganzen Gefüge der Organe selbst, wie schon aus der Unmöglichkeit der Vorstellung erhellt, dass die Seele in zwei oder drei Theile zerlegt werden könne, oder dass sie irgend eine Ausdehnung einnehme, oder auch, dass sie vielleicht kleiner werde, wenn man einen Theil des Körpers abschneidet und nicht vielmehr vom Körper sich ganz trennt, wenn das Gefüge seiner Organe zerstört wird"[2]).

„Es ist aber auch bemerkenswerth, dass die Seele, obwohl sie mit dem ganzen Körper verbunden ist, doch in einem gewissen Theile desselben in spezieller Weise

---

[1]) de hom. 16. S. 24.
[2]) de pass. I, 30.

als in allen andern ihre Funktionen ausübt. Gewöhnlich glaubt man als diesen Theil das Gehirn oder vielleicht das Herz annehmen zu dürfen, ersteres: weil zu ihm die Sinnesorgane hinführen, letzteres: weil in ihm die Leidenschaften so zu sagen, verspürt werden. Durch genauere Untersuchung der Sache glaube ich indess mit Evidenz erkannt zu haben, dass derjenige Theil, in welchem die Seele ihre Funktionen unmittelbar ausübt, keineswegs das Herz noch das ganze Gehirn, sondern einzig und allein der allerinnerste Theil desselben nämlich eine ziemlich kleine Drüse (die Zirbeldrüse oder das Conarion) ist, welche in der Mitte der Hirnsubstanz liegt und über dem Kanale, durch welchen die Lebensgeister der vordern Hirnhöhlungen mit den Lebensgeistern des hintern Gehirns in Communication stehen, so aufgehängt ist, dass ihre (d. i. der Zirbeldrüse) kleinsten Bewegungen viel zur Veränderung des Laufes der Lebensgeister beitragen und umgekehrt die geringsten Variationen im Laufe der Lebensgeister einen grossen Einfluss auf die Bewegungen dieser Drüse haben"[1]).

„Der Grund, welcher mich zu der Annahme bringt, dass die Seele im ganzen Körper keinen andern Ort für die unmittelbare Ausübung ihrer Funktionen als diese Drüse haben kann, ist die Erwägung, dass alle anderen Theile unseres Gehirns doppelt sind, was dem Umstande entspricht, dass wir ja auch zwei Augen, zwei Hände, zwei Ohren besitzen, kurz, dass alle Organe unserer äussern Sinne doppelt vorhanden sind. Da wir nun von einem Dinge im nämlichen Zeitmomente nur **einen einzigen** und **einfachen** Gedanken haben, so muss durchaus irgend ein Ort existiren, in welchem die zwei Bilder, welche von den beiden Augen, oder jene anderen zwei Eindrücke, welche von einem einzigen Objecte durch die ebenfalls doppelt vorhandenen übrigen Sinnesorgane

---

[1]) de pass. I, 31.

herkommen, coincidiren, bevor sie zur Seele gelangen, damit sie ihr nicht zwei Objecte anstatt eines darstellen. Nun ist aber leicht einzusehen, dass diese Bilder oder anderen Eindrücke mittelst der die Hirnhöhlungen erfüllenden Lebensgeister im Conarion zusammenfallen und dass es hingegen keinen andern Ort im Körper gibt, in welchem sie so wie in dieser Drüse vereinigt werden könnten" [1]). Eine genaue und streng mathematisch durchgeführte Auseinandersetzung, wie die beiden Eindrücke, welche von den Augen, Ohren u. s. w. im Gehirn verursacht werden, durch Strahlung der Lebensgeister einen einzigen Eindruck (ein einziges Bild) in der Zirbeldrüse bewirken, findet man in den Schriften über Dioptrik und über den Menschen [2]). Der beschränkte Raum dieser Abhandlung erlaubt uns jedoch nicht, näher darauf einzugehen. Sehr zu beachten aber ist es, dass sich Cartesius in seinen Lehren über die Zirbeldrüse auch durch Zweckmässigkeitsgründe leiten lässt, indem, wie er sagt, kein Theil des Körpers einer Verletzung weniger ausgesetzt ist, als diese Drüse, da sie, obgleich sehr klein und weich, doch durch ihre Lage so geschützt wird, dass sie kaum einer Krankheit zugänglich sein kann [3]). Gemäss dieser Hypothese über die Bestimmung der Zirbeldrüse ist nun nach Cartesius die Wechselwirkung zwischen Geist und Körper eine derartige, dass der Geist so viele verschiedene Eindrücke in sich aufnimmt, d. h. so viele verschiedene Perceptionen hat, als verschiedene Bewegungen in der Zirbeldrüse vorkommen [4]) und dass umgekehrt die Zirbeldrüse, in Folge der von der Seele in ihr verursachten Bewegungen, die Lebensgeister in mannigfacher Weise in die Poren des Gehirns und von da in die Nerven und Muskeln treibt, wodurch eine ent-

---

[1]) de pass. I, 32. Man vergl. noch: ep II, 36. 38, 40.
[2]) Man vergleiche auch: de pass. I, 35.
[3]) ep. II, 40. S. 139.
[4]) cfr. de hom. 28. S. 53.

sprechende Bewegung der Glieder veranlasst wird. Hiernach wird man es auch ganz gerechtfertigt finden, wenn Cartesius die Zirbeldrüse „den Sitz der Seele" nennt, wobei allerdings auch das Bedenken nicht ferne liegt: er habe dadurch seine frühere Bestimmung der Seele als immateriellen Wesens wieder aufgehoben und ihr eine gewisse Ausdehnung zugeschrieben, kurz er habe sie zu einem körperlichen Dinge gemacht [1]).

Dagegen aber verwahrt er sich ausdrücklich, indem er erklärt: „Was mich anbetrifft, so schreibe ich weder Gott noch den Engeln, noch **unserm Geiste** eine Ausdehnung der Substanz (extensionem substantiae) sondern nur der Macht (potentiae) zu" [2]). „Keine unkörperlichen Wesen sind im eigentlichen Sinne ausgedehnt, sondern ich erachte sie für gewisse **Mächte** (virtutes) oder Kräfte (vires), die sich zwar an ausgedehnte Dinge anschliessen, aber trotzdem doch nicht selbst ausgedehnt sind, wie ja z. B. das Feuer, wenn es auch im glühenden Eisen sich zeigt, desswegen noch nicht Eisen ist" [3]).

„Mein Geist kann sich daher zwar örtlich ausbreiten und zusammenziehen, aber **nicht** rücksichtlich seiner **Substanz** sondern nur rücksichtlich seiner **Macht**, die er grösseren oder kleineren Körpern anzupassen (applicare) im Stande ist" [4]). Dem Gesagten zufolge wird man festzuhalten haben, dass die Zirbeldrüse nach

---

[1]) Die Ausdrucksweise unseres Philosophen scheint oft diesen Verdacht zu bestärken. So sagt er z. B.: Mens cerebro tam intime conjuncta est, ut a motibus qui in ipso fiunt afficiatur (resp. IV, S. 141.)

An einer andern Stelle (ep. II, 6. S. 16) spricht er: Verissime dici mihi videtur, mentem, quamdiu corpori unita est, a sensibus avocare se non posse; cum ab objectis externis vel internis vehementius percellitur. De pass. I, 28 lesen wir: Nullae aliae cogitationes animam adeo agitant et quatiunt ac passiones.

[2]) ep. I, 69. S. 183.
[3]) ep. I, 67. S. 165·
[4]) ep. I, 69. S. 186.

Cartesius schlechthin nur als Seelenorgan im engern Sinne zu betrachten ist, weil der Geist einerseits diese Drüse direkt bewegt, andererseits in Folge der Bewegungen derselben in bestimmte Zustände versetzt wird.

Hier scheint es nun am Orte zu sein, die cartesianische Erklärung der wichtigsten Funktionen, die im eigentlichen Sinne dem Menschen[1]) zugeschrieben werden müssen und die eben aus dem positiven Verhältnisse von Geist und Körper resultiren, vorzulegen. Um uns dabei streng an unsern Autor zu halten, unterscheiden wir solche Funktionen, bei denen die Seele thätig, andere dagegen, bei denen sie leidend ist. Thätig verhält sich der Geist bei allen Willensakten, die eine Bewegung unseres Körpers hervorrufen, „wie etwa in Folge des blossen Willens herumzuwandeln in der That unsere Schenkel sich rühren und wir einherschreiten"[2]). „Die Thätigkeit der Seele (bei dergleichen Handlungen) besteht darin, dass sie die Zirbeldrüse auf die zur Hervorbringung der bezweckten Wirkung passende Weise sich bewegen lässt"[3]). Cartesius erläutert dies sehr anschaulich durch die Erklärung des Vorganges der (absichtlichen) Erinnerung. „Wenn die Seele, sagt er, sich einer Sache erinnern will, so bewirkt dieser Wille, dass die Zirbeldrüse successive sich hierhin und dorthin neigt und die Lebensgeister so lange in die verschiedenen Theile des Gehirns treibt, bis sie denjenigen gefunden haben, in welchem die vom Objecte, dessen wir uns erinnern wollen, zurückgelassenen Spuren vorhanden sind. Unter diesen Spuren ist aber nichts anderes zu verstehen, als dass die Poren des Gehirns, durch welche bei der Gegenwart des Objects die Lebensgeister ehedem ihren Lauf nahmen, vor den andern eine

---

[1]) ep. II, 2. S. 4.
[2]) de pass. I, 18.
[3]) do pass. I, 41.

grössere Fertigkeit erlangt haben: sich auf dieselbe Weise wiederum den an sie herantretenden Lebensgeistern zu öffnen. Daher strömen dieselben, sobald sie jene Poren finden, leichter in sie als in andere hinein und rufen dadurch in der Zirbeldrüse eine besondere Bewegung hervor, welche der Seele das frühere Object darstellt und ihr anzeigt, es sei eben jenes, dessen sie sich erinnern wollte" [1]).

Auch bei der Imagination ist das Verhalten der Seele ein thätiges. „Wenn sie nämlich ihren Willen dazu gebraucht, sich zum Nachdenken über eine Sache zu bestimmen, die nicht allein intelligibel, sondern auch imaginabel ist, so bewirkt dieser Gedanke einen neuen Eindruck im Gehirne und diese Thätigkeit ist die Imagination" [2]). Dieser Erklärungsweise scheinen allerdings manche andere Stellen bei Cartesius zu widersprechen, wo er die Imagination bald als eine rein geistige, bald als eine rein körperliche Funktion bezeichnet. Den Grund hiervon giebt er aber selbst an und wir citiren hier um so lieber seine eigenen Worte, als sich bei der bald folgenden Untersuchung der menschlichen Empfindungen ganz dasselbe Verhältniss zeigen wird. „Ich begreife", sagt er, „in dem einen Sinne die Imagination unter der Definition des Denkens, (d. h. einer Funktion der Seele), in dem andern schliesse ich sie davon aus. Die körperlichen Formen oder Spezies nämlich, welche im Gehirn sein müssen, damit wir uns etwas imaginiren, sind kein Denken, wohl aber ist es die Thätigkeit des imaginirenden Geistes oder des zu jenen Spezies sich hinwendenden Geistes" [3]).

---

[1]) de pass. I, 42. Man vergl. noch ep. II, 6.
[2]) ep. I, 8. S. 18.
[3]) ep. II, 54. S. 182. Man vergleiche noch resp. V, S. 217: Nullus cerebri usus esse potest ad pure intelligendum sed tantum ad imaginandum vel sentiendum.

Von den Funktionen, in denen die Seele sich leidend verhält, wollen wir die sinnliche Empfindung, die Affekte und Leidenschaften einer besondern Betrachtung unterwerfen. Unser Philosoph lehrt hierüber etwa folgendes:

Die sinnliche Empfindung wird fälschlich den Körpern zugeschrieben[1]). Um sie zu begreifen, ist die Reflexion weder auf den Geist noch auf den Körper allein zu beschränken, sondern muss auf die enge und innige Vereinigung beider hingelenkt werden, weil grade darin die zu besprechenden Thatsachen ihren Grund haben[2]). Der leibliche Faktor im Menschen konkurrirt bei der Empfindung durch die Thätigkeit der Sinnesorgane, deren Nerven, durch verschiedene Ursachen afficirt, im Gehirn und mittelst der Lebensgeister auch in der Zirbeldrüse Bewegungen hervorrufen. Dadurch aber wird die Seele in gewisse Zustände versetzt; es werden in ihr „verworrene Gedanken" (d. h. solche Gedanken, welche der Geist nicht von sich allein hat, sondern daher, dass er vom Körper, mit dem er auf's innigste vereint ist, etwas leidet) erregt und diese sind eben die sinnlichen Empfindungen[3]).

Bei einer solchen Auffassung konnte in der That Cartesius die Zirbeldrüse als Sitz des Gemeinsinnes (sensus communis) bezeichnen[4]), wobei indess nach dem Obigen ersichtlich ist, dass ihr diese Eigenschaft eben nur dann zukommt, wenn sie unmittelbares Seelenorgan ist, wie ja auch Cartesius im nämlichen Sinne anderswo sagt, dass in ihr alle Gedanken gebildet werden[5]).

---

[1]) princ. phil. I, 12.
[2]) princ. phil. I, 48; II, 2. medit VI.
[3]) medit. VI. princ. philos. IV, 189 u. f. ep. I, 89, S. 261,
[4]) ep. II, 54. S. 182, 183.
[5]) ep. II, 36. S. 125. Zur Vergewisserung über die Ansicht des Cartesius und Vermeidung einer materialistischen Auffassung vergleiche man hierzu resp. II, S. 61, 62, wo er sagt: Si qui autem negent se habere distinctas ideas corporis et mentis .. sciant

Seelenorgan ist aber die Zirbeldrüse im Menschen allein, dem einzigen Wesen, das mit einer Seele begabt ist. Daher sagt Cartesius ganz consequent: Er glaube nicht, dass die Thiere wie wir Menschen sehen, wenn wir uns bewusst sind, dass wir sehen, sondern nur so wie wir im Falle einer Geistesabwesenheit sehen, wo die Bilder der äusseren Objecte auf unserer Netzhaut sich zwar einprägen und die in den optischen Nerven möglicherweise auch hervorgerufenen Eindrücke unsere Glieder zu verschiedenen Bewegungen bestimmen, wo wir aber trotzdem durchaus nichts davon gewahr werden. Dann bewegten wir uns gleichfalls nicht anders wie Automate [1]). Der sensus brutorum ist also nach Cartesius ein rein mechanischer Vorgang.

Zum Beweise des Satzes, dass jede Sensation im Gehirn (genauer: in der Zirbeldrüse) sich vollzieht, führt Cartesius zunächst die bekannte Wahrnehmung an, dass die verschiedenen, das Gehirn afficirenden Krankheiten die Empfindung stören oder aufheben, sodann die ärztlich constatirte Thatsache, dass Leute, denen vor Kurzem Glieder z. B. eine Hand amputirt worden ist, oft noch Schmerzen in den fehlenden Körpertheilen zu empfinden glauben [2]). „Dies, sagt er, könnte ohne

---

opinionem, quam habent, quod partes cerebri concurrant ad formandas cogitationes, non ortam esse ab ulla positiva ratione sed tantum ex eo quod nunquam experti sint se corpore caruisse, ac non raro ab ipso in operationibus suis fuerint impediti; eodem modo ac si quis ex eo quod ab infantia compedibus vinctus semper fuisset, existimaret illas compedes esse partem sui corporis ipsisque sibi opus esse ad ambulandum.

Noch bezeichnender ist folgende Stelle (ep. II, 52): Quod vero cogitationes non sint nisi corporis motus, aeque veresimile est, atque si quis dicat ignem esse glaciem aut album esse nigrum.

[1]) ep. II, 8. S. 20.
[2]) princ. phil. IV, 196; ep. II, 8; Dioptr. IV, 1.

Zweifel nicht stattfinden, wenn die Schmerzempfindung oder die Sensation in den Händen oder in andern Theilen ausserhalb des Gehirns sich vollzöge" [1]). Dabei ist aber immer festzuhalten, dass nicht im Gehirn als solchem die Empfindung zu Stande kommt, sondern dass die Seele erst die in der Zirbeldrüse erregte Bewegung so zu sagen in Empfindung umsetzt. „Wenn demnach der Geist in Ekstase oder tiefer Betrachtung versunken, gleichsam ausserhalb des Körpers sich befindet, so ist keinerlei Empfindung am Leibe wahrzunehmen, welche Objecte auch auf ihn einwirken mögen" [2]). Die Empfindung ist also bei Cartesius immer nur auf die Zusammensetzung von Seele und Körper zu beziehen und nur aus ihrem teleologischen Verhalten zu einander zu begreifen. „Wenn ein Engel," sagt daher auch Cartesius sehr bezeichnend, „im menschlichen Körper wohnte, würde er nicht, wie wir, Empfindungen haben, sondern nur die Bewegungen erkennen, welche von äussern Objecten verursacht werden und dadurch wäre er eben von einem wahren Menschen unterschieden [3]).

Wie kommt es nun aber, dass unser Philosoph bisweilen die Empfindung als etwas rein Geistiges, anstatt als etwas dem Geist und Körper als Einheit Angehöriges bezeichnet? Widerspricht dies nicht dem Vorigen? Wir antworten: Keineswegs, wenn man nur bedenkt, dass Cartesius gern den Grundsatz: denominatio semper fit ab eo quod nobilius est anwendet [4]) und dass ihm eben ohne das Vorhandensein des Geistes die Empfindung überhaupt ganz unbegreiflich scheint. Denn es ist unzweifelhaft, dass er das sentire in demselben Sinne dem Geiste zu-

---

[1]) ep. II, 8. S. 23.
[2]) Dioptr. IV, 1.
[3]) ep. I, 89. S. 261.
[4]) Man vergleiche z. B. de pass. I, 19; ep. I, 8, S. 18 etc.

schreibt¹), wie er ihm anderwärts²) die Funktionen des Sehens und Hörens beilegt.

Uebrigens spricht er auch in einem Briefe³) an Henry More ganz ausdrücklich die Ansicht aus: „dass die menschlichen Geister, wenn sie vom Körper getrennt werden, keine eigentlich so zu nennende Empfindung besitzen".

Wenn er also behauptet: „die Empfindung sei in der Seele selbst," so hat man sich eben als Correctiv hinzuzudenken: „und zwar in der mit einem Körper verbundenen Seele." In der That ist sich ja auch nach Cartesius der Geist wohl bewusst, dass die Empfindungen nicht von ihm allein ausgehen, noch ihm schon aus dem Grunde zukommen, weil er eine res cogitans ist, sondern nur desshalb, weil er mit einem bestimmten anderen ausgedehnten und beweglichen Dinge verbunden ist, welches man den menschlichen Körper nennt.⁵) Desgleichen erklärt er dem Gassendi, welcher ihn tadelte, weil er die Sensation zu einer reinen Funktion des Geistes gemacht habe, in entschiedener Weise: „er (Cartesius) beziehe die Empfindung zum grossen Theil auch auf den Körper.⁶) Ebenso deutet er an, dass man das Gehirn als Sitz des sensus communis nur insofern zu betrachten habe, als es einerseits die Eindrücke äusserer Objecte, andererseits die Einwirkungen der Seele aufzunehmen geeignet sei.⁷)

Doch wenden wir uns jetzt in Kürze zur Erklärung der Leidenschaften (der Affekte) — einem Gegenstande, welchen Cartesius auch in einer eigenen Schrift behandelt hat.

---

¹) ep. I. 110. S. 313.
²) ep. II, 2, S. 4; ep. I, 1, S. 2.
³) ep. I, 72. S. 211.
⁴) ep. II, 39, Dioptr. IV, 4.
⁵) princ. phil. II, 2.
⁶) resp. V. S. 214.
⁷) de form foet. I, 7. S. 161.

„Leidenschaften (passiones), sagt er in einem Briefe [1]) an die Prinzessin Elisabeth, kann man im Allgemeinen alle jene Gedanken (d. i. Seelenzustände) nennen, welche ohne Beihülfe des Willens und demnach ohne irgend welche von ihm ausgehende Thätigkeit, einzig nur durch die Eindrücke des Gehirns in der Seele hervorgerufen werden; denn was den Charakter der Thätigkeit nicht hat, ist eben Leiden (Leidenschaft). Gewöhnlich beschränkt man aber dieses Wort auf solche Gedanken, welche mittelst einer besonderen Bewegung der Lebensgeister entstehen. Denn wenn uns durch Einwirkung äusserer Objecte Gedanken zukommen, oder solche in Folge der innern Zustände des Körpers entstehen, so bezeichnen wir sie als Sinneswahrnehmungen. Diejenigen Gedanken ferner, welche nur von den im Gedächtniss zurückgelassenen Spuren früherer Eindrücke und von einem regelmässigen Lauf der Lebensgeister abhängen, sind die Phantome, welche uns im Schlafe oder auch im Wachen vorschweben, wenn die Seele aus eigener Kraft sich zu nichts determinirt und daher langsam von den Eindrücken im Gehirn sich leiten lässt. Wenn endlich der gewöhnliche Fluss der Lebensgeister die Eigenschaft besitzt, meist traurige oder heitere oder andere dergleichen Gedanken zu erregen, so schreibt man dies ebenfalls nicht einer Leidenschaft, sondern der natürlichen Anlage oder dem Temperamente des Menschen zu, in dem sie erregt werden; und darin hat es seinen Grund, dass man dem Einen ein trauriges, dem Andern ein heiteres Temperament u. s. w. beilegt. Somit bleibt in der That nichts übrig, was man im eigentlichen Sinne Leidenschaft nennen könnte, ausser jenen Gedanken, welche aus einer besonderen Bewegung der Lebensgeister entspringen und deren Wirkungen gleichsam in der Seele selbst empfunden werden."

---

[1]) ep. I, 8. S. 18.

Genauer noch definirt Cartesius die Leidenschaften als „Perceptionen, Empfindungen oder Erregungen der Seele, welche besonders auf sie selbst zurückwirken und durch eine gewisse Bewegung der Lebensgeister hervorgerufen, unterhalten und verstärkt werden."[1]) Wenn wir nun z. B. ein wildes Thier auf uns losstürzen sehen, so entsteht auf die bereits früher besprochene Weise durch die Thätigkeit der Lebensgeister ein Bild dieses Thieres auf der Zirbeldrüse und durch dieses erhält die Seele von dem Ereigniss Kunde.[2]) Ist nun dieses Bild ganz ungewöhnlich und furchtbar, d. h. hat es grosse Aehnlichkeit mit den Bildern der Dinge, welche vorher dem Körper schädlich waren, so erregt es in der Seele die Leidenschaft der Furcht. Hierauf aber tritt, je nach der verschiedenen Constitution des Körpers oder der Kraft der Seele und je nachdem Jemand sich früher durch Vertheidigung oder durch Flucht gegen schädliche Dinge verwahrt hat, denen der gegenwärtige Eindruck ähnlich ist, die Leidenschaft der Kühnheit oder des Schreckens und Entsetzens ein. Es wird nämlich in solchen Fällen bei manchen Menschen das Gehirn in einen derartigen Zustand versetzt, dass die Lebensgeister von dem Bilde auf der Zirbeldrüse aus theils in die Nerven, welche zum Umwenden und Bewegen der Schenkel zur Flucht dienen, theils in diejenigen sich begeben, welche die Eingänge des Herzens erweitern oder verengern oder welche auf andere dem Herzen Blut zuführende Theile so wirken, dass dasselbe schwächer fliesst. Daher sendet es nun auf ungewöhnliche Weise Lebensgeister zum Gehirn, welche die Leidenschaft des Schreckens zu nähren und zu hegen geeignet sind. Denn diese Geister erregen eine besondere Bewegung im Conarion, welche von Natur die Bestimmung hat, die Seele jene Leidenschaft

---

[1]) de pass. I, 27.
[2]) de pass. I, 35.

empfinden zu lassen. Und weil die Poren des Gehirns, durch welche die Lebensgeister eintreten, vorzugsweise zu den zarten Nerven gehören, die zur Erweiterung und Zusammenziehung der Eingänge des Herzens dienen, so ist es erklärlich, dass die Seele die Leidenschaft so fühlt, als ob sie im Herzen wäre.[1]) Aehnlich verhält es sich mit allen Leidenschaften.[2])

Die früheren Philosophen hatten, weil sie den Widerstreit derselben mit dem Willen anders nicht begreifen zu können meinten, in der menschlichen Seele selbst einen höhern und einen niedern Theil unterschieden, ja wohl gar die Seele gleichsam in 2 Seelen getheilt: in die vernünftige und in die unvernünftige oder sensitive Seele. Der letzteren schrieb man dann die Begierden und Leidenschaften zu. Eine derartige Erklärung verwirft Cartesius durchaus und behauptet dagegen:

„Alle Conflikte, welche man sich gewöhnlich zwischen dem niederen Theile der Seele und dem höhern, oder zwischen den Naturtrieben und dem Willen denkt, bestehen in nichts anderem, als in dem Widerstreite der Bewegungen, welche der Körper durch seine Lebensgeister und die Seele durch ihren Willen gleichzeitig in

---

[1]) Wenn die Leidenschaften das Herz besonders afficiren, so könnte man glauben, habe auch die Seele dort ihren Sitz. Gegen diese Ansicht lässt sich Cartesius in folgenden Worten aus: (de pass. I, 33) Quoad sententiam eorum qui putant, animam recipere suas passiones in corde, nulla ratione admitti potest; nam in eo demum fundatur quod passiones in illo excitent quandam alterationem. Et facile est animadvertere, hanc alterationem non sentiri tanquam in corde, nisi opera nervuli, qui ex cerebro ad illud descendit; prout dolor sentitur quasi in pede opera nervorum pedis, et astra nobis apparent tanquam in coelo, opera luminis sui et nervorum opticorum; ita ut magis necessarium non sit, animam nostram exercere immediate suas functiones in corde, eo quod in illo suas passiones sentit, quam, eam esse in coelo ut ibi videat astra. —

[2]) de pass. I., 36, 37.

der Zirbeldrüse hervorzubringen suchen. Wir besitzen nur e i n e Seele, die in sich keine Verschiedenheit der Theile hat. Der Irrthum, durch den man ihr so zu sagen auf der Bühne verschiedene und fast immer schnurstracks entgegengesetzte Rollen zuertheilt, rührt daher, dass man ihre Funktionen von denen des Körpers nicht wohl unterschieden hat.

Denn dem Körper allein ist alles das zuzuschreiben, was wir in uns der Vernunft widerstreben sehen. Demgemäss giebt es in unserm Innern keinen andern Kampf als den, dass die Impulse zur Bewegung, welche die Zirbeldrüse einerseits von der Seele, andererseits von den Lebensgeistern, die ja nichts' als Körper sind, empfängt, einander oft entgegengesetzt sind und die stärkeren die Wirkung der schwächeren vernichten."[1])

„Auch kann noch dadurch ein Kampf entstehen, dass oft die nämliche Ursache, welche in der Seele eine Leidenschaft erregt, auch gewisse Bewegungen im Körper hervorruft, zu denen die Seele nichts beiträgt und die sie aufhält oder wenigstens aufzuhalten sucht, sobald sie dieselben bemerkt. So zeigt uns die Erfahrung, dass ein Object, was Furcht erzeugt, auch bewirkt, dass die Lebensgeister in die Muskeln eintreten, welche zur Bewegung der Schenkel bei der Flucht dienen, und dass der Entschluss, Kühnheit zu bethätigen, sie zum Stehen bringt."[2]) „An dem Ausgange solcher Kämpfe kann Jeder am besten die Stärke oder die Schwäche seiner Seele kennen lernen", um im letzteren Falle dieselbe zum Kampfe gegen die Leidenschaften mit Waffen zu versehen, deren vorzüglichste: „die festen und bestimmten Urtheile in Betreff der Erkenntniss des Guten und Bösen sind, nach denen die Seele entschlossen ist, ihre Handlungen einzurichten."[3])

---

[1]) de pass. I, 47. [2]) de pass. I, 47. [3]) de pass. I, 48.

Hier ist die Stelle, wo die Lehre über das Verhältniss von Geist und Körper im Menschen einen Anknüpfungspunkt an die Ethik geben könnte, auf welche sie ohne Zweifel einen bedeutenden Einfluss üben müsste und durch die aus ihr gezogenen Consequenzen schon nicht gering anzuschagende Schlüsse auf ihren inneren Werth oder Unwerth zu machen erlauben würde.

Soweit hat aber Cartesius seine Philosophie nicht fortgebildet, denn ein System der Ethik aufzustellen, sah er mehr für eine politische als wissenschaftliche Aufgabe an, der er sich aus Besorgniss vor mancherlei Angriffen und Befeindungen nicht unterziehen mochte.[1])

Die cartesianische Doktrin über das Verhältniss von Geist und Körper im Menschen findet demnach mit der Lehre über die Leidenschaften ihren Abschluss und es bleibt uns jetzt nur noch übrig, im nächsten Abschnitt dieselbe einer eingehenden Kritik zu unterziehen.

III. Abschnitt.

Kritik der cartesianischen Lehre über das Verhältniss von Geist und Körper im Menschen.

> „Ich merke nur an, dass es gar nichts Ungewöhnliches sei, sowohl im gemeinen Gespräch, als in Schriften, durch die Vergleichung der Gedanken, welche ein Verfasser über seinen Gegenstand äussert, ihn sogar besser zu verstehen, als er sich selbst verstand, indem er seinen Begriff nicht genugsam bestimmte und dadurch bisweilen seiner eigenen Absicht entgegen redete oder auch dachte."
> Kant, Krit. d. r. V., 1. Ausg. S. 341.

Bei der kritischen Betrachtung der vorliegenden Speziallehre des Cartesius ist vor Allem die Frage zu

---

[1]) ep. I, 2 und ep. I, 34.

beantworten, ob diese Lehre als ein fügsames und passendes Glied in die Kette der cartesianischen Doktrinen sich einreihen lasse. Wir glauben dies im Allgemeinen unbedenklich bejahen zu dürfen, wenn wir auch im Einzelnen auf manche Mängel und Unvollkommenheiten werden hindeuten müssen.

Was zunächst die aus dem negativen Verhältnisse von Geist und Körper folgenden (physiologischen) Lehren betrifft, welche wir im ersten Abschnitt vorgeführt haben, so zeigt uns allerdings schon eine ganz oberflächliche Ansicht ihres rein mechanischen Charakters, dass dieselben, im Lichte der heutigen Naturwissenschaft betrachtet, sich grösstentheils als unhaltbar erweisen. Dass sie aber der Consequenz des cartesianischen Systems auf das Beste entsprechen, wird Niemand läugnen können. Denn nachdem unser Philosoph die Seele als selbstbewusste denkende Substanz bestimmt, das Wesen der Materie dagegen in die blosse Ausdehnung, Theilbarkeit und Beweglichkeit in den Theilen gesetzt und daher alle Naturwesen, selbst die Thiere unter rein mechanische Gesichtspunkte gestellt hatte, musste er da nicht auch den aus der Natur stammenden menschlichen Körper in seinen Funktionen, die ohne das Bewusstsein der Seele vor sich gehen, lediglich von mechanischen Gesetzen regiert werden lassen?

Wenn er sich trotzdem in einem Briefe [1]) an Henry More einmal der Bezeichnung „Körperseele" für sein rein **mechanisches** Lebensprinzip bedient, so darf uns dies keineswegs verleiten mit Flourens und Foucher de Careil anzunehmen, dass er den Thieren und dem menschlichen Körper doch eine Art sensitiver Seele zugeschrieben habe [2]). Er erklärt ja seinem Anhänger Regius

---

[1]) ep. I, 67. S. 168.
[2]) cfr. Histoire de la Philosophie Cartésienne par F. Bouillier. 3ième édition. Paris 1868. I Bd. S. 165.

ausdrücklich, dass die Seele im Menschen nur eine einzige sei: die vernünftige Seele, und dass man unter der sensitiven Seele, um sie nicht mit der vernünftigen zu verwechseln, nichts anderes zu verstehen habe, als die bewegende Kraft (vis motrix) des Körpers [1]). Andere Stellen, welche die Einheit der Seele im Menschen betreffen, haben wir im zweiten Abschnitt angeführt. Ganz treffend bemerkt daher Bouillier gegenüber den Ansichten von Flourens und Foucher de Careil über den Automatismus des Cartesius: „Es sei vergebliche Mühe, Versuche zu machen: den Cartesius von einem Paradoxon freizusprechen, welches er so vortrefflich durchgeführt und so lebhaft vertheidigt habe und welches übrigens auf die Prinzipien seiner Geistes- und Naturphilosophie sich gründe. Wie sollte man ausserdem auch glauben, dass alle seine Schüler und alle seine Gegner sich über den wahren Sinn seiner Lehre getäuscht hätten" [2]).

Grössere Schwierigkeiten rücksichtlich der strengen Consequenz bietet die Betrachtung des positiven Verhältnisses zwischen Geist und Körper dar.

Wie lässt sich, so wird man zunächst fragen, das teleologische Verhältniss dieser beiden Substanzen mit der Verbannung des Zweckbegriffs aus der Natur vereinigen? Sagt Cartesius nicht gradezu: „Jenes ganze Geschlecht von Ursachen, das vom Zweckbegriff entlehnt wird, darf in der Erklärung der Natur" (d. h. sowohl bei physischen als metaphysischen Erörterungen, die ja doch bei Cartesius nicht streng gesondert sind) „meinem Dafürhalten nach keine Stelle haben" [3])? Zeugt nicht auch Leibnitz gegen Cartesius, den er in diesem Stücke mit Hobbes und Spinoza zusammenstellt [4])?

---

[1]) ep. I, 84.
[2]) cfr. Bouillier a. a. O. I. S. 165.
[3]) medit. IV (Vergl. auch princ. phil. I, 28; III, 2).
[4]) cfr. Cousin, Fragments de philosophie Cartésienne 3ième édition. 2ième volume p. 280.

Uebereilen wir uns nicht in unserem Urtheile und hören wir wenigstens erst, wie Cartesius zu seiner Ansicht gekommen ist! Er fügt den oben angeführten Worten als Grund hinzu: „er halte es für tollkühn, nach den Absichten Gottes zu forschen"¹) oder wie er in den „Prinzipien" sich ausdrückt: „wir Menschen dürften uns nicht anmassen, uns für Theilnehmer an Gottes Plänen zu halten"²). Bemerkenswerth ist auch seine Antwort auf die Einwürfe Gassendi's, der gegen ihn· unter Hinweis auf die wunderbare Einrichtung der Pflanzen und Thiere die Zweckursachen in Schutz nahm: „Aus der Harmonie der Theile bei Pflanzen und Thieren, (so spricht er), ziemt es sich, Gott, der sie hervorbrachte, zu bewundern und durch Betrachtung der Werke den Werkmeister kennen zu lernen und zu preisen; keineswegs aber darf man darnach grübeln: zu welchem Zwecke er etwas gemacht habe. Denn wenn es auch in der Ethik, wo oft (fromme) Vermuthungen erlaubt sind, von religiöser Gesinnung zeugt: zu erwägen, welchen Zweck wir der göttlichen Weltregierung unterbreiten können, so ist dies doch in der Physik, wo Alles auf ganz festen Grundlagen ruhen soll, sicherlich nicht angebracht"³). Cartesius hält also, wie aus dem Vorigen wohl einleuchtet, nicht nur den Gebrauch der Zweckursachen in der Moral fest, sondern erkennt auch ihr Vorhandensein in der Natur an. „Etwas anderes ist es", bemerkt daher Bouillier⁴) mit Recht, „die Erforschung der Zweckursachen in der Wissenschaft zu untersagen, etwas anderes: die Existenz derselben im Weltsysteme zu läugnen. Wenn auch Cartesius dem Physiker verbietet, sich auf die Untersuchung der Zweckursachen zu werfen, so läugnet er doch keineswegs ihr Vorhandensein.

---

¹) medit. IV. S. 23.
²) princ. philos. I. 28.
³) resp. V. S· 224.
⁴) a. a. O. S. 176

Die Verbannung des Zweckbegriffs aus der Physik geschieht von ihm einzig im Interesse der Wissenschaft, damit in ihr nicht Conjecturen an Stelle von Erfahrungen und Berechnungen Platz greifen und nicht weil er wie Hobbes und Spinoza an die Herrschaft einer blinden Nothwendigkeit glaubt". „Wenn die Zusammenstellung mit diesen Männern zutreffen sollte, sagt Arnauld, müsste nicht Cartesius Gott zum Schlussstein seiner Physik wie seiner Metaphysik gemacht haben".

„Nichts anderes hat den Cartesius", sagt ferner Bouillier, „den Zweckursachen so abhold gemacht, als der Missbrauch, welchen damit die Physiker und Naturphilosophen der Schule trieben, indem sie dieselben einerseits an Stelle der Erfahrung und Erforschung der wirkenden Ursachen setzten, andererseits sie ins Unendliche vermehrten und zum Menschen als dem Endzweck aller Dinge in Beziehung brachten".

„Es wäre lächerlich und kindisch", bemerkt beispielsweise in letzterer Hinsicht unser Philosoph, „wenn Jemand behauptete, Gott habe wie ein recht hochmüthiger Mensch keinen andern Zweck bei Erschaffung des Universums gehabt, als von den Menschen gelobt zu werden und die Sonne, welche um vieles grösser ist als die Erde, sei zu keinem andern Zwecke geschaffen worden, als um dem Menschen, welcher doch nur einen kleinen Theil der Erde einnimmt, Licht zu gewähren"[1]). Immerhin aber bleibt es ein gewisser Mangel, ja vielmehr ein „augenfälliger Widerspruch", wie Löwe[2]) sich ausdrückt, dass Cartesius durch den Missbrauch, der mit dem Zweckbegriff getrieben worden war, sich von dem vollen und rechtmässigen Gebrauch desselben abschrecken liess, während er doch in vielen Unter-

---

[1]) ep. II, 16 S. 78.
[2]) Joh. Heinr. Löwe, das spekulative System des René Descartes, seine Vorzüge und Mängel (aus den Ber. der Wiener Akad. phil. hist. Cl. Bd. XIV, 1854) S. 257.

suchungen sich genöthigt sah, denselben, wenn auch versteckt, wieder einzuführen ¹). Oder ist nicht schon überhaupt in seinem Streben, die allgemeinen Gesetze des Universums zu ergründen, implicite der Gebrauch des Zweckbegriffs enthalten? Ist ja doch auch der Mechanismus, wie Leibnitz irgendwo mit Recht behauptet, in gewisser Hinsicht teleologisch ²). In der That konnte Cartesius bei seiner Ueberzeugung von einer über der Welt stehenden und in ihr als ihrer Schöpfung sich manifestirenden Vorsehung, besonders aber bei seiner nachdrücklich betonten **creatianistischen** Ansicht in Betreff des Ursprungs aller menschlichen Seelen ³), die teleologische Verbindung von Geist und Körper nun und nimmermehr verkennen ⁴), aber er scheute sich dieselbe

---

¹) vergl. z. B. de pass. II, 52; II, 74, 137, wo Cartesius von dem Nutzen der Leidenschaften spricht und wozu Heinrich Ritter (Gesch. d. Philos. 11. Bd. S. 83) bemerkt: „Man würde hierin eine Andeutung der Lehre finden können, dass die Natur der Körperwelt mit den Zwecken der geistigen Welt in Uebereinstimmung stehe, wird aber auch bemerken müssen, dass Cartesius doch seinem Grundsatze, in der Natur keine Zwecke zu suchen, bei dieser Betrachtung der Leidenschaften nicht getreu bleibt."

²) Bemerkenswerth dürfte auch folgender Ausspruch des Cartesius sein: „La grande mécanique est l'ordre imprimé par Dieu sur son ouvrage, que nous appelons communément la nature." (Siehe: Baillet, Vie de Descartes, 1691. vol. I, p. 260.)

³) ep. I, 119: Quamvis fortasse verum sit, quidquid de iis (sc. parentibus) credere solemus, nempe quod corpora nostra genuerint, nequeo tamen animum inducere quod illi me fecerint, quatenus ego me considero ut cogitans quid, quia nullam video relationem inter corpoream istam actionem per quam credo me ab illis genitum fuisse et productionem substantiae cogitantis.

de meth V. S. 31: Ostenderam eam (sc. animam rationalem) nullo modo e materiae potentia educi posse, . . . sed necesse esse ipsam creari.

⁴) vergl. Löwe a. a. O., wo er bemerkt, dass bei Cartesius ungeachtet der Verwerfung teleologischer Gesichtspunkte die Union zwischen Körper und Geist im Menschen zuletzt doch als ein Werk göttlicher Berechnung, mithin **lediglich teleologisch** begriffen werden

näher zu erforschen und auszusprechen, weil er hierdurch gleichsam in die Geheimnisse Gottes einzudringen versuchen würde, was dem Menschen nun einmal nicht vergönnt ist. „Alle Zwecke Gottes, sagt er [1]), sind auf gleiche Weise in dem unerforschlichen Abgrunde seiner Weisheit verborgen und jede andere Ursache ist leichter zu erkennen als die Absicht Gottes".

In dieser seiner Ueberzeugung von der Beschränktheit unseres Wissens [2]) und in der heiligen Scheu, mit Gott so zu sagen über seine Zwecke zu rechten, dürfte wohl auch die Lösung des Bedenkens zu suchen sein, welches Manche darin finden, dass ein Cartesius, der überall auf **klare** und **bestimmte** Gedanken drang, sich doch bei der Erklärung **beruhigen** konnte, dass die Verbindung von Geist und Körper für den Intellekt **dunkel** sei, obwohl sie von den Sinnen unzweifelhaft erkannt werde!

Uebrigens sah auch Cartesius bei der damaligen Zeitrichtung, die dem Materialismus sehr günstig war, den Beweis der **Verschiedenheit** von Geist und Körper als die Hauptaufgabe seiner Philosophie an, „weil mehr Leute, wie er sagte, darin irren, dass sie einen realen Unterschied der Seele vom Körper nicht vorhanden wähnen, als dass sie bei Anerkennung dieses Unterschiedes die substantielle Vereinigung läugnen" [3]). Er bekennt daher auch in einem Briefe an die Prinzessin Elisabeth ganz offen, dass er, gegenüber dem Problem von der Verschiedenheit des Geistes und Körpers das

---

müsse. — Wir unsererseits können dagegen der Ansicht Erdmann's (Gesch d. neueren Phllos. I. Bd. I. Abth) durchaus nicht beistimmen: dass die Verbindung von Geist und Körper bei Cartesius eine **gewaltsame Zusammensetzung** sei.

[1]) resp. V, S. 224.
[2]) Man vergl. auch: reg ad dir. ingenii, 7, 8.
[3]) ep. I, 89. 269, 270.

von ihrer Vereinigung und Wechselwirkung sehr nothdürftig in seinen Schriften behandelt habe [1]). Eine nicht minder wichtige Instanz gegen das positive Verhältniss von Geist und Körper, besonders gegen ihren wechselseitigen Einfluss, scheint sich ferner in dem von Cartesius früher aus der Unveränderlichkeit Gottes gefolgerten Satze zu erheben, dass die Grösse der Bewegung in der Natur constant bleibe. Wenn man denselben als allgemein und ohne Ausnahme feststehend auffasst, dann muss man es freilich mit Leibnitz [2]) für unbegreiflich halten, wie die Seele im Körper ein gewisses Bewegungsquantum hervorrufen solle. Cartesius könnte ihr dann nur noch die Macht beilegen, die Richtung der Bewegungen des Körpers zu ändern, „wie etwa ein Reiter, obgleich er dem Pferde, worauf er reitet, keine Kräfte giebt, dennoch dasselbe regiert, indem er die Kräfte des Pferdes dahin richtet, wohin es ihm gefällt" [3]). Diese Thätigkeitsweise kommt allerdings unzweifelhaft bei Cartesius dem Geiste zu [4]), aber sie ist nicht die einzige und höchste Funktion desselben. Man hat nämlich ganz übersehen, dass Carte-

---

[1]) ep. I, 29. S. 52: Certe possum dicere, quaestionem (de conjunctione animae et corporis et de potentia agendi in se invicem) quam mihi tua Celsitudo proponit, eam videri, quae post scripta mea perlecta optimo jure proponi possit. Nam quum duo sint in anima humana ex quibus pendet tota cognitio, quam de ejus natura habere possumus, quorum unum est quod cogitet, alterum quod unita corpori possit cum illo agere et pati, nihil fere de hoc posteriori dixi et priori tantum explicando studui; quia praecipuum meum institutum erat probare distinctionem, quae inter animam et corpus intercedit, ad quod prius tantum illud conducere potuit, hoc vero obfuisset.

[2]) cfr. „Neues Lehrgebäude von der Natur und Gemeinschaft der Substanzen.

[3]) Leibnitz, Theodicee § 60.

[4]) Man vergleiche resp. IV, S. 109.

sius der Erklärung seiner Naturgesetze ausdrücklich die Worte beifügt: seine Untersuchung beziehe sich jetzt nicht darauf, ob und welche Macht die menschlichen Seelen hätten, die Körper zu bewegen; diese Untersuchung wolle er in der Abhandlung über den Menschen näher ausführen [1]). „Dass durch den veränderlichen Willen des Menschen", bemerkt Heinrich Ritter [2]) also ganz richtig, „eine Vermehrung oder Verminderung der Bewegung hervorgebracht werde, scheine sich Cartesius vorzubehalten, aber eine Erklärung hierüber vermissten wir in seinen Schriften". Dieses ist indess gar nicht auffällig, da die Abhandlung über den Menschen, auf welche Cartesius verweist, von ihm nicht vollendet und nur als Bruchstück auf uns gekommen ist. Uebrigens kann wohl über seine Ansicht kein Zweifel herrschen, wenn er sich selbst dahin ausspricht: er huldige der Meinung derjenigen nicht, welche Gott gleichsam als die mit der Materie vereinigte Seele betrachten [3]), Diese Annahme lag ihm aber bei unbeschränkter Festhaltung des besprochenen Satzes von der konstanten Quantität der Bewegung in der Natur sicherlich sehr nahe. Zudem erklärt er auch ausdrücklich, dass zwar Alles von dem ewigen, nothwendigen und unveränderlichen Beschlusse der göttlichen Vorsehung geleitet werde, dass aber davon dasjenige ausgenommen sei, was eben derselbe Beschluss von unserem freien Willen abhängen lassen wollte [4]).

Dagegen können von anderer Seite mancherlei und keineswegs unbegründete Angriffe gegen die wechselseitige Einwirkung von Geist und Körper im cartesianischen Systeme gemacht werden, und sind wohl auch sehr oft, — freilich in vielfach übertriebener Weise — gemacht worden.

---

[1]) princ. philos. II, 40.
[2]) a. a. O., S. 58.
[3]) ep. I, 72. S. 212.
[4]) de pass. II, 146.

In der That ist es augenfällig, dass eine reale Wechselwirkung und Lebensgemeinschaft zwischen zwei Substanzen, deren eine, der Körper, in dem vorliegenden Systeme kein eigentlich so zu nennendes Leben hat, nicht recht begriffen und eben desshalb von Cartesius nur als eine Behauptung hingestellt werden kann, welche die Erfahrung zwar unbezweifelbar mache, welche aber doch für den Intellekt dunkel bleibe. Diese unerklärte Wechselwirkung zwischen Geist und Körper zieht sodann auch mancherlei Irrthümer in Betreff der hieraus folgenden Lebensäusserungen des Menschen nach sich. Das Wesen der Empfindungen, Triebe und Leidenschaften, das nur bei der Wechselwirkung zweier actu lebendiger Faktoren im Menschen verständlich wird, bleibt räthselhaft. „Das Gefühlsleben und sein geheimnissvolles Walten (um die Worte Schaarschmidt's [1]) zu gebrauchen) gleichsam die Nacht der Seele neben dem Sonnenlichte der Vernunft, tritt für Cartesius ganz in den Hintergrund".

Hätte er die Hindeutung des Henry More „dass die Materie jedenfalls eine gewisse niedrige Lebensstufe sei und nicht allein in der Ausdehnung der Theile bestehe, sondern immer in einer gewissen Thätigkeit sich befinde" [2]) für seine Doktrin verwerthet, so wäre er sicherlich zu andern Resultaten gelangt und hätte den eben angedeuteten Krebsschaden seines Systems ohne Zweifel ausmerzen können. Allerdings scheint derselbe ihm wohl nicht entgangen zu sein, was sich am besten aus seinen bisweilen sehr schwankenden Ausdrücken über die Art und Weise der gegenseitigen Einwirkung von Geist und Körper erkennen lässt, in denen man

---

[1]) C. Schaarschmidt, Descartes und Spinoza, urkundl. Darstellung der Philosophie Beider. Bonn. 1850. S. 44.

[2]) ep. I, 70. 192· In demselben Briefe sagt auch More: — omne hoc quod corpus dicitur, stupide et temulente esse vivum. —

wohl gar Anklänge an den Occasionalismus finden kann.[1]). Jedoch ist es keineswegs zu rechtfertigen, ihn schon direkt zum Occasionalisten zu stempeln d. h. ihm in Bezug auf die Verbindung von Geist und Körper das systema divinae assistentiae zuzuschreiben, wie es Hegel[2]), Sigwart [3]), Mussmann [4]), Tennemann [5]), Michelet [6]) und Andere thun.

Diese Ansicht entsteht — wie uns scheint — wenn man die in der cartesianischen Philosophie allerdings bedenkliche Lehre von der Erhaltung und Mitwirkung Gottes als einer **beständigen neuen Schöpfung** einseitig auf die Verknüpfung von Geist und Körper anwendet. Allein es ist nicht zu übersehen, dass auch Cartesius selbst dieser Behauptung, welche freilich in strenger Consequenz alle und jede Aktivität und Causalität der natürlichen Dinge in der des Schöpfers aufgehen lässt [7]), keine absolute Gültigkeit beilegt, dass er

---

[1]) vergl. z. B. ep. II, 55: Sensuum organa nihil nobis tale referunt, qualis est idea, quae illorum occasione formatur.

[2]) Vorles. über die Gesch. d. Philosophie, herausgegeben von Michelet 3. Bd., S. 367.

[3]) Gesch. d. Philos. 2. Bd., S. 187 u. „Ueber den Zusammenhang des Spinozismus mit der Cartesianischen Philosophie. Tübingen 1816. S. 17, 45, 115.

[4]) Grundriss der christlichen Philosophie. S. 151.

[5]) Grundriss der Gesch. d. Philosophie Leipzig 1812. S. 252.

[6]) Michelet, Anthropologie u. Psychologie. Berlin 1840. II, C. 1.

[7]) Die Stelle in ep. I, 8, wo Cartesius sagt, dass Alles von Gott abhänge (Deus ita est rerum omnium universalis causa, ut sit earum etiam totalis et sic absque ejus voluntate fieri nihil potest) scheint allerdings für diese Ansicht zu sprechen. Die erste Wurzel derselben meint man häufig schon in der Fassung des Substanzbegriffes bei Cartesius zu entdecken. „Unter Substanz," sagt er princ. philos. I, 51), „können wir nur ein Wesen verstehen, welches so existirt, dass es zu seiner Existenz keines anderen Wesens bedarf. Und zwar kann unter der Substanz, die ganz und gar keines anderen Wesens bedarf, nur eine einzige verstanden werden, nämlich Gott. Alle anderen dagegen können nur unter

vielmehr neben Gott als causa primaria noch creatürliche causas secundarias in der Welt anerkennt. Denn wie könnte er sonst z. B. von einem körperlichen Dinge sagen „es habe einmal fortgestossen, in sich die Kraft seine Bewegung fortzusetzen"[1])? ferner: „die bewegende Kraft könne Gott angehören, der immer ebensoviel Bewegungsänderung in der Materie erhalte, als er im ursprünglichen Schöpfungsakte in sie gelegt habe, oder aber einer geschaffenen Substanz (wie unserem Geiste), welcher sie Gott verliehen habe"[2])? Hier trennt doch Cartesius augenscheinlich die der geschaffenen Substanz als eigen inwohnende Kraft von der unabänderlichen Kraft Gottes!

---

der Mitwirkung Gottes existireu. Und so passt der Name Substanz nicht univoce, wie sich die Schule ausdrückt, auf Gott und jene andere Wesen, d. h. es giebt keine Bedeutung des Wortes Substanz, die von Gott und den Creaturen gemeinschaftlich gelten könnte." Durch den angeführten Substanzbegriff, behauptet man, setze Cartesius in strenger Consequenz die creatürlichen Dinge zu blossen Modificationen des göttlichen Seins herab. Dieses Urtheil scheint uns lediglich daher zu stammen, dass man bei der vorliegenden Stelle nicht gehörig beachtet, wie sehr Cartesius in seiner Ausdrucksweise noch auf scholastischem Boden stand. Nach dem Schulgebrauche durfte nichts von Gott und den creatürlichen Dingen univoce ausgesagt werden. Dieses Grundsatzes bediente er sich auch, wie aus seinen oben angeführten Worten erhellt, bei der Definition des Substanzbegriffes und es darf uns daher nicht wundern, wenn er, um nicht zwei verschiedene Definitionen aufzustellen, in der einen Definition eine freilich nicht zu billigende Ambiguität der Ausdrücke derart statuirte, dass die göttliche Substanz überhaupt keines anderen Wesens, die geschaffene keines anderen geschaffenen Wesens zu ihrer Existenz bedarf. „Denn wenn wir," so lauten seine Worte, „von einer geschaffenen Substanz sagen, dass sie für sich existire, so schliessen wir damit keineswegs die göttliche Mitwirkung, der sie zur Subsistenz bedarf, aus, sondern wir deuten damit nur an, dass sie ein Ding ist, welches ohne ein anderes geschaffenes Ding sein kann."

[1]) ep. I, 115. S. 329
[2]) ep. I, 72. S, 212.

Noch unbezweifelbarer muss uns ferner seine Ansicht werden, wenn er sagt: „Gott habe (bei unserer Setzung in diese Welt) die Anordnung getroffen, dass zu verschiedenen Zeiten unseren Sinnen diese oder jene Objecte sich darböten, bei Veranlassung deren er wüsste, dass unser freie Wille uns zu Diesem oder Jenem determiniren würde: diess sei zwar sein Wunsch gewesen, indessen habe er uns doch dazu nicht zwingen wollen" [1]. Von Zwang aber kann doch nur da die Rede sein, wo Aktion und Reaktion vorausgesetzt werden dürfen! Unsere Behauptung rechtfertigt sich endlich auch in folgenden Worten aus einem Briefe [2] an Mersenne: „Da Gott der vollkommenste und unveränderliche Urheber aller Dinge ist, so scheint es ein Widerspruch zu sein, dass irgend ein einfaches von Gott geschaffenes Ding das Prinzip seiner Zerstörung in sich habe. Offenbar müsste aber doch Cartesius dies annehmen, wenn er es mit seiner Behauptung so ernstlich meinte, dass Gott in jedem Augenblick die Dinge neu schaffe, um ihr Zurückfallen in das Nichts zu verhindern.

Nach dem Vorhergehenden scheint freilich wohl eine selbstständige Aktivität der creatürlichen Substanzen bei Cartesius angenommen werden zu müssen.

Doch wird man uns den Einwand machen [3], dass er ja z. B. die Bewegung als einen modus (nicht als eine actio) der körperlichen Substanzen bezeichne. Nun könne aber, wie er selbst zugesteht, kein modus einer Substanz von ihr in eine andere übergehen, also auch nicht die Bewegung, d. h. kein Körper theile im eigentlichen natürlichen Sinne seine Bewegung einem anderen mit. Es sei demnach die bewegende Kraft Gottes, die bald da bald dort in die Natur eingreife. Wenn nun

---
[1] ep. I, 10. S. 24.
[2] ep. II, 116. S. 345.
[3] Besonders thut dies Sigwart in seiner Geschichte der Philosophie. 2. Bd.

aber schon die Körper nicht einer auf den andern einwirken können, wie sollte da der Leib auf die (von ihm ganz verschiedene) Seele und umgekehrt die Seele auf den Leib einen realen Einfluss haben! Nur aus der göttlichen Causalität lasse es sich also begreifen, dass mit gewissen körperlichen Affektionen und Bewegungen geistige Thätigkeiten und umgekehrt, verbunden sind. Auf diesen Einwurf glauben wir am besten mit Thilo [1]) zu erwiedern: „Cartesius verwirft allerdings die gewöhnliche Ansicht des influxus physicus, nach welcher sich von der wirkenden Ursache ein Etwas trennt und in das leidende Ding übergehend, hier eine Wirkung hervorbringt, so dass die Wirkung darin besteht, dass dasselbe, was früher in der Ursache gewesen ist, nun in der Wirkung ist. Diese gewöhnliche Meinung verwirft er namentlich in Bezug auf die Entstehung der Vorstellungen, indem er es für unbegreiflich erklärt, dass bei der Wahrnehmung Bilder (species intentionales), die den Gegenständen ähnlich wären, von diesen letzteren durch die Sinnesorgane in die Seele gesendet würden.[2]) Allein dennoch beharrt er bei der Ansicht, dass die Lebensgeister, welche zu den Körpern gehören, auf die unkörperliche Seele und diese wieder auf den Körper wirke, und geht nicht zu der scheinbar nahe liegenden Consequenz über, dass zwischen den geschaffenen Substanzen gar kein Causalnexus zu statuiren sei, sondern dieser allein von der

---

[1]) Ueber die Religionsphilosophie des Descartes von Chr. A. Thilo (Zeitschrift für exakte Philosophie, III. Leipzig 1863. S. 167.

[2]) Wir erhärten die obigen Worte Thilo's durch folgende Citate aus den Werken unseres Philosophen:

resp. VI. S. 141: Quum baculum video non putandum est, aliquas species intentionales ab ipso ad oculum advolare, sed tantum radios luminis ex-isto baculo reflexos quosdam motus in nervo optico et illo mediante, etiam in cerebro excitare.

Diopt. I, 5: mentem habebimus liberam ab omnibus illis exiguis simulacris per aërem volitantibus, quae species intentionales philosophi, mirum in modum iis divexati, nominarunt.

göttlichen Allmacht bei jeder gegebenen Gelegenheit bewirkt werde." In der That glauben auch wir mit vollem Recht behaupten zu dürfen, dass mit der Verwerfung der species intentionales für Cartesius die Verwerfung der freilich unbegriffen und unbegreifbar bleibenden Wechselwirkung zwischen Geist und Körper, resp. die Zurückführung derselben auf Gott nicht nothwendig verbunden war, da ja wohl schon dem unbefangenen Verstande einleuchtet, dass zwischen dem bezeichneten grob sinnlichen Influxionismus und dem Occasionalismus noch ein Mittelweg denkbar ist. Wir können demnach durchaus nur den Worten Thilos [1]) beistimmen: „Was den Occasionalismus anbelangt, so ist er von Cartesius allerdings veranlasst, aber nicht verschuldet . . . . .

Der Geist ist es selbst, der bei Gelegenheit dieser oder jener körperlichen Bewegungen, die zur Zirbeldrüse gelangen, diese oder jene Ideen sich exhibirt; daran aber denkt Cartesius nicht, dass Gott bei Gelegenheit dieser Bewegungen die dazu gehörenden Ideen im Geiste erregt."

Wenn aber auch Cartesius eine völlige Klarheit über die Wechselwirkung von Geist und Körper nicht erreichte und überhaupt nicht erreichen konnte, so hat er doch das ernsteste Bestreben gezeigt, dieselbe durch Analogien und Gleichnisse, z. B. die trefflich durchgeführte Vergleichung mit einer Wasserkunst und ihrem Vorsteher oder mit der Wirkung der Schwerkraft auf die Materie, dem Verständnisse wenigstens so nahe als möglich zu bringen und hierin bewahrheitet sich sicher nicht das Urtheil, was Goethe [2]) über unsern Philosophen fällt: „Es scheint ihm an Einbildungskraft und an Erhebung zu fehlen. Er findet keine geistigen lebendigen Symbole, um sich und andern schwer auszusprechende

---

[1]) a. o. O. S. 169.
[2]) Geschichte der Farbenlehre. 39ter Bd. der Cotta'schen Ausgabe 1858. S. 157.

Erscheinungen anzunähern. Er bedient sich, um das Unfassliche, ja das Unbegreifliche zu erklären, der **crudesten** sinnlichen Gleichnisse."

Gehen wir jetzt noch auf einen Einwurf ein, der in der hier behandelten cartesianischen Doktrin selbst einen directen Widerspruch entdecken will. Cartesius, so behauptet man, hebe bei Behandlung des positiven Verhältnisses von Geist und Körper die Immaterialität des Geistes wieder auf. So sagt z. B. Heinrich Ritter [1]): „Wir haben bemerkt, dass Cartesius mit dem grössten Eifer darauf drang, dass Geist und Körper als von einander abgesonderte Substanzen gedacht werden müssten. Aber beim Menschen macht er eine Ausnahme; sein Geist mit dem Körper verbunden, soll dieselbe Substanz mit dem Körper sein." Ebenso schiebt Michelet [2]) unserem Philosophen ohne weitere Einschränkung die Ansicht unter: Die Verbindung zwischen Körper und Seele denken, heisse die Seele als materiell denken. Diese Einwürfe stützen sich zunächst darauf, dass Cartesius die Verbindung von Geist und Körper (wie wir früher sahen) eine **substantielle** nennt, was man dahin zu deuten scheint: er lasse Leib und Seele in **eine** Substanz zusammenfallen. Allein abgesehen davon, dass Cartesius nirgends von einer unitas substantiae im Menschen spricht, stammt die erwähnte Deutung des Prädikates „substantiell," die wir als Missdeutung bezeichnen müssen, lediglich daher, dass man die teleologische Beziehung von Geist und Körper im Menschen bei Cartesius nicht einsehen will. Wer diese aber anerkannt (und wir glauben sie hinreichend nachgewiesen zu haben) wird nicht bezweifeln können, dass dieses „substantiell" bei Cartesius nichts anderes als das sonst gebräuchliche „teleologisch" rücksichtlich des Verhältnisses von Geist und Körper ist, da es im Gegen-

---

[1]) a. o. O. S. 64, 65.
[2]) a. o. O. S. 40.

satze zu „‚accidentell" die natürliche Bestimmtheit und Angemessenheit dieser beiden Substanzen für einander ausdrücken soll. Der besprochene Einwurf ist aber damit noch nicht erledigt, sondern erhält neues Gewicht durch folgende aus einem Briefe [1]) an die Prinzessin Elisabeth entnommene Stelle: „Die Verbindung zweier Dinge sich denken" so citirt Heinrich Ritter, „heisst nichts anderes, als beide als eins sich denken. [2]) Dieser Satz scheint allerdings, auf die Verbindung von Leib und Seele angewandt, zu fordern: man solle diese Faktoren im Menschen in eine einzige Substanz zusammenfallen lassen und etwa, weil dies so am leichtesten zu bewerkstelligen sein wird, die Seele als materiell sich denken. Wir bemerken aber, dass zunächst die eben citirte Stelle in zweideutiger Weise übersetzt und dann aus allem Zusammenhange herausgerissen ist. Wie aus diesem erhellt, bildet das concipere den Gegensatz zum philosophischen Denken d. h. zum Begreifen von etwas Wirklichem aus seinen Gründen; es soll das sinnlich sich vorstellen, begreifen, das repraesentare per imaginem corporalem" (wie Cartesius anderswo das concipere umschreibt[3]) bezeichnen.

Der Zusammenhang dieser Stelle mit dem Vorhergehenden ist nämlich folgender:

Nachdem Cartesius die Dunkelheit der Verbindung von Geist und Körper für den reinen Intellekt sowohl, als für den von der Imagination unterstützten Intelekt, dagegen die Klarheit derselben für die Sinne erwähnt hat (die ja aber kein begreifendes Denken ist) knüpft

---

[1]) ep. L 30.
[2]) Duarum rerum conjunctionem concipere, aliud non est, quam illas ut unum quid (genauer: ut unum et idem wie der Zusammenhang ergiebt) concipere.
[3]) ep. III. 113. S. 366.

er hieran die Bemerkung, dass Leuten, die niemals philosophiren, die Verbindung und Wechselwirkung von Leib und Seele fasslich, sinnlich begreifbar sei, „denn die Verbindung zweier Dinge sinnlich begreifen (sie sich unter einem körperlichen Bilde darstellen) heisse nichts anderes, als beide als Eins auffassen."

Damit spricht er aber doch die volle Wahrheit aus und verwickelt sich nicht in den geringsten Widerspruch. Denn die Verbindung von Geist und Körper ist eben für unser Denken, wie man wohl allgemein zugestehen muss, nichts Imaginables sondern nur etwas rein Intelligibles.

Unsere hier unternommene Rechtfertigung des Cartesius erhält eine neue Stütze durch den weitern Verlauf des erwähnten Briefes und besonders durch folgende Worte desselben, aus denen man deutlich die unwillige Stimmung unseres Philosophen entnehmen kann, dass Elisabeth ihm das Ansinnen stellt: Das Unbegreifliche und dem menschlichen Verstande nun einmal Versagte ihr fasslich zu machen. „Da Ew. Hoheit (so spricht er) es für thunlicher erachten, der Seele Materie und Ausdehnung, als das Vermögen zuzuschreiben, den Körper zu bewegen und von ihm bewegt zu werden, ohne selbst materiell zu sein, so tragt doch — ich bitte Euch — kein Bedenken, diese Materie und Ausdehnung der Seele einmal beizulegen, denn das heisst eben nichts anderes, als sich von ihrer Vereinigung mit dem Körper ein sinnliches Bild machen. Wenn Ihr aber dasselbe ernstlich betrachtet und durch Selbstbeobachtung prüft, so werdet Ihr ohne Schwierigkeit zu der Erwägung kommen, dass die Materie, welche Ihr jenem denkenden Wesen (cogitationi-naturae cogitanti)[1] zuertheilt, nicht das denkende Wesen selbst ist und dass die Ausdehnung dieser Materie eine ganz andere Natur hat als die Ausdehnung jenes denkenden Wesens, insofern nämlich die erstgenannte

---

[1] cfr. ep. II., 6.

Ausdehnung auf einen bestimmten Umkreis beschränkt ist, von welchem sie jegliche andere körperliche Ausdehnung ausschliesst, was bei der zuletzt angeführten nicht der Fall ist.

Auf diese Weise werden Ew. Hoheit leicht zur Anerkennung des Unterschiedes zwischen Geist und Körper zurückkehren, obwohl Ihr auch von ihrer Verbindung eine Vorstellung gewonnen habt." [1])

Nachdem wir so im Allgemeinen die Stellung der vorgetragenen Speziallehre des Cartesius zu seinem ganzen Systeme besprochen haben, wird es unsere Aufgabe sein, auf die einzelnen Sätze derselben näher einzugehen. Da dieselben aber im Grossen und Ganzen nur scharfsinnige und strenge Consequenzen aus den cartesianischen Principien der Philosophie unter Zuziehung einiger physiologischer Hypothesen sind, so ist es nur nöthig, dieser letzteren mit einigen Worten zu gedenken. Dieselben betreffen vor Allem die so berühmt

---

[1]) Aus dem Obigen erklärt sich jetzt auch, wie man es zu verstehen hat, wenn Cart. im Anfange desselben Briefes sagt: Quamvis possit quispiam animam ut materialem concipere (quod proprie est ejus cum corpore conjunctionem concipere) nihilominus postea cognoscitur illam esse ab eo separabilem. Der Sinn ist kein anderer als der: Wenn Jemand von der Verbindung von Geist und Körper ein sinnliches Bild haben will, so muss er allerdings sich die Seele materiell vorstellen (was z. B. versteckter Weise auch in dem Bilde von der Wirkung der Schwere auf die Materie der Fall war, denn „die Schwere ist nichts vom Körper real Verschiedenes" (ep I. 29) und sie dann mit dem Körper zusammenfallen und so zu sagen sich vermischen lassen; die wissenschaftliche Untersuchung wird aber bald zeigen, dass sie doch von demselben unterschieden werden muss. Eine derartige Versinnbildlichung ist keineswegs unnütz und müssig, weil sie durch Analogien dem freilich in völliger Klarheit nimmermehr erreichbaren Wissen über die Verbindung von Geist und Körper doch eine durchaus nicht zu verachtende Ausbildung und Erweiterung verschafft.

gewordenen Lebensgeister und die Zirbeldrüse „als Sitz der Seele und des Gemeinsinns"

Alle diese Hypothesen sind durch die Fortschritte der Naturwissenschaft als unhaltbar erwiesen worden. Der Däne Sténon, wie Bouillier [1]) mittheilt, hat zuerst in seiner Abhandlung „über die Anatomie des Gehirns" 1669 die Zirbeldrüse der wichtigen Rolle entsetzt, welche sie im cartesianischen Systeme spielte. „Nichts desto weniger muss man" bemerken wir, mit demselben Schriftsteller, „dem Cartesius Dank wissen, weil er als einer der ersten, so trefflich nachgewiesen, dass das Gehirn das ausschliessliche Organ des Geistes ist und in dasselbe die Eindrücke verlegt hat, welche der Geist von allen Theilen des Körpers empfängt."

Was die vielbesprochene mit der vorigen zusammenhängende Hypothese der Lebensgeister anlangt, so scheint es am gerathensten zu sein, die Ansicht eines in der Beurtheilung solcher Materien competenten Schiedsrichters wie es z. B. der berühmte Pariser Physiologe Flourens ist, zu hören. Derselbe sagt in seinem Werke „über das Leben und die Arbeiten Buffon's":

„Man macht viel Aufhebens von dem allerdings thatsächlichen Missbrauch der Lebensgeister seitens des Cartesius. Ich bemerke hierzu, dass man den dauernden Grund einer Meinung von allem Demjenigen abzusondern verstehen muss, was nur äusseres Beiwerk ist und als solches je nach den verschiedenen Zeiten wechselt. Zur Zeit des Cartesius beschäftigte man sich grade so mit den Lebensgeistern, wie später zur Zeit Buffon's mit den organischen Erschütterungen (ébranlements organiques).

Die Lebensgeister sind dort nur äusseres Zubehör, das tiefer Liegende ist der Organismus. Lassen wir den kleinlichen Mechanismus der Lebensgeister aus den Augen und achten wir auf den besonders zu Car-

---

[1]) a. a. O. S. 134.

tesius Zeiten grossartigen und vortheilhaften Gesichtspunkt: alle vegetativen und sensitiven Seelen zu unterdrücken, mit denen die Alten die Wissenschaft verwirrt hatten.[1]"

Uebrigens ist, wie Bouillier[2]) bemerkt, die Hypothese der Lebensgeister wenigstens ebenso wahrscheinlich und ebenso sinnreich ausgedacht, wie die von einem Nervenfluidum oder von Nervenschwingungen.

Mit dem Nachweise der Unrichtigkeit der besprochenen Hypothesen hat sich nun allerdings auch die Lehre über das Verhältniss von Geist und Körper im Menschen in der Art wie Cartesius sie im Einzelnen darstellt, als unhaltbar gezeigt. Dennoch aber kann ihm, abgesehen von der schätzbaren Verbreitung anatomischer Kenntnisse, deren er sich mit Recht rühmen durfte[3]), das grosse Verdienst nicht abgesprochen werden, durch die scharfe Sonderung von seelischen und körperlichen Erscheinungen, sowie durch die Betonung der Einheit der Seele und ihres teleologischen Verhältnisses zum Körper, nicht nur den Zeitgenossen, sondern auch den Späteren den Weg eröffnet zu haben, auf dem allein eine richtige Lösung des anthropologischen Problems zu hoffen ist; und ohne Zweifel kann man auch in dieser Hinsicht das Wort Leibnitzens anwenden „dass der Cartesianismus die Vorhalle der Wahrheit sei![4]

Wer da weiss, wie so viele Philosophen vor und

---

[1]) Flourens la vie et les travaux de Buffon. S. 122.

[2]) Histoire et Critique de la révolution Cartésienne. Lyon 1842. S. 435.

[3]) Er schreibt an Mersenne (ep. II. 98): Huic exercitio (se anatomiae) undecim abhinc annis frequentem dedi operam et credo, paucos esse medicos, qui rem aeque, attente inspexerint atque ego.

[4]) J'ai coutume de dire que la philosophie Cartésienne est l'antichambre de la vérité et qu'il est difficile de pénétrer bien avant, sans avoir passé par là" (Reponse aux reflexions etc. XLIV, opus apud Erdmann p. 142.)

zu des Cartesius Zeiten dem Menschen eine dreifache Seele (eine rationale, sensitive und vegetative) zuschrieben, wer ferner auch die traurigen Verwechselungen von Geist nnd Körper in Gassendi's und Hobbes' Objectionen gelesen hat, wird nicht anstehen können, mit Löwe [1]), die Scheidung zwischen Natur und Geist als zwei wesentlich differenter creatürlicher Substanzen und die Anerkennung des Menschen als Union beider, unter „die glücklichen Griffe" zu zählen, welche das speculative System des Cartesius auszeichnen und durch die er die Wissenschaft für alle Zeiten sich verpflichtet hat. [2])

Wenn auch, wie Leibnitz irgendwo mit Recht sagt, der Mensch des Cartesius nicht der wirkliche Mensch ist, so glauben wir immerhin unbedenklich mit Bouillier [3]) hinzusetzen zu dürfen, nähert er sich ihm doch mehr als man es in allen Beschreibungen und wissenschaftlichen Erörterungen vor Cartesius im Stande gewesen war. Grade die scharfsinnige Lehre des Cartesius über den Menschen und specieller über das Verhältniss von Geist und Körper im Menschen hat auch Maine de Biran [4]), einen der grössten Metaphysiker Frankreichs in unserm Jahrhunderte bewogen, Cartesius den Schöpfer und Vater der wahren Metaphysik zu nennen, eine Ehrenbezeugung, welche auch die deutschen Philosophen über kurz oder lang ihm wohl nicht mehr werden verweigern können!

In dieser Ueberzeugung sprechen wir zum Schluss

---

[1]) cf. a. o. O. S. 276.
[2]) Tadelnd spricht sich in diesem Punkte Ludwig Feuerbach (Geschichte der neuern Philosophie von Baco v. Verulam bis Benedict Spinoza, Ansbach 1834) über die cartesianische Philosophie aus. Ueber den Standpunkt, aus dem diese Kritik hervorgegangen, vergleiche man die Schrift: „Cartesius und seine Gegner von Hock." Wien 1835. S. 84 u. f.)
[3]) Histoire et Critique de la révolution Cartésienne. S. 435.
[4]) Rapports du physique et du moral.

unserer Abhandlung mit Günther „die sichere und gewisse Hoffnung" aus: „dass die Cartesianische Methode nach ihrer Reinigung, mittelst der Busstaufe im Strome der Zeit, doch endlich einmal nach ihrem Verdienste gewürdigt, und allgemein wieder zu Ehren kommen werde; dass es endlich einmal erkannt werden werde: wie jene Methode das sogenannte Brett im Schiffbruche gewesen, und als roher Baumstamm freilich noch kein sicheres Fahrzeug sein konnte; aber auch zu dieser Bestimmung erst im Verlaufe der Zeit und nur von jenen herangehoben werden konnte, die auf der Schiffswerfte der wissenschaftlichen Bestrebungen der Menschheit ihre Tage nicht in oberflächlicher Anschauung, sondern in umsichtiger und allseitiger Betrachtung verlebt haben." [1].

---

[1] Peregrin's Gastmahl von Anton Günther. Wien 1830. S. 456.

Ebenfalls im SEVERUS Verlag erhältlich:

Max Wellmann
**Die pneumatische Schule bis auf Archigenes –
in ihrer Entwickelung dargestellt**
SEVERUS 2011 / 248 S. / 39,50 Euro
ISBN 978-3-86347-024-1

Die sogenannten Pneumatiker waren Angehörige einer Ärzteschule, die im ersten Jahrhundert nach Christus durch Athenaios von Attaleia gegründet wurde. In ihrer Physiologie- und Krankheitslehre schlossen sie eng an die stoische Philosophie an, als Therapie setzten die Pneumatiker vor allem auf eine der Krankheit entgegensteuernde Diät.

Der Philologe und Medizinhistoriker Max Wellman (1863-1933) galt zu seiner Zeit als einer der herausragenden Kenner der antiken Medizin, seine Schriften werden bis heute in der medizingeschichtlichen Forschung zitiert. In seiner Abhandlung *Die pneumatische Schule bis auf Archigenes in ihrer Entwickelung dargestellt*, für die er viele Fragmente zum ersten Mal als Quellen heranzog, zeichnet er ein kenntnisreiches Bild der wichtigsten Vertreter der pneumatischen Schule und legt ihre Physiologie, Pathologie und Diäthetik ausführlich dar. Zudem verdeutlicht Wellman auch die Verbindungen der verschiedenen Ärzteschulen untereinander.

www.severus-verlag.de

Ebenfalls im SEVERUS Verlag erhältlich:

Franz Hartmann
Die Medizin des Theophrastus von Hohenheim
Vom wissenschaftlichen Standpunkte betrachtet
SEVERUS 2010 / 264 S. / 29,50 Euro
ISBN 978-3-86347-007-4

Paracelsus, mit eigentlichen Namen Theophrastus Bombas von Hohenheim, wurde am 10. November 1493 in Egg bei Einsiedeln geboren. Er war Arzt und Alchemist, aber auch Philosoph und Laientheologe. Er schrieb verschiedene medizinische Werke, die der vorherrschenden Lehrmeinung der damaligen Zeit widersprachen. Er war der Überzeugung, dass die Medizin auf Natur und Gotteserkenntnis basiert und dass Krankheiten nicht durch empirische Befunde allein geheilt werden können. Seine Werke wurden von vielen Ärzten und Apothekern kritisiert.

Der 1838 geborene Theosoph Franz Hartmann versucht in diesem Buch, die Lehren des Theophrastus Paracelsus für jedermann, der interessiert ist, verständlich zu machen und die Form und Ausdrucksdrucksweise der Werke des Paracelsus an die damalige Zeit anzupassen. Er betont die Bedeutung der Heilkunde des Paracelsus für die Medizin, die seiner Meinung nach auf große Abwege geraten ist. Hierbei hat er sich zur Aufgabe gemacht, dem Leser zu vermitteln, dass diese Medizin nicht nur Wissenschaft, sondern auch Heilkunst ist.

www.severus-verlag.de

Ebenfalls im SEVERUS Verlag erhältlich:

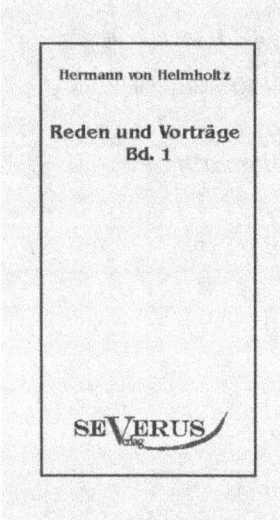

Hermann von Helmholtz
Reden und Vorträge, Bd. 1
Mit einem Vorwort von Sergei Bobrovskyi
SEVERUS 2010 / 408 S./ 29,50 Euro
ISBN 978-3-942382-14-4

Helmholtz – bis heute steht er mit seinem Namen für die gesamte Vielfalt der naturwissenschaftlichen Forschung.

Der vorliegende Band versammelt Vorträge zu verschiedenen Themen, gehalten zwischen 1853 und 1869.

www.severus-verlag.de

Bisher im SEVERUS Verlag erschienen:

Achelis. Th. Die Entwicklung der Ehe * Die Religionen der Naturvölker im Umriß, Reihe ReligioSus Band V * **Andreas-Salomé, Lou** Rainer Maria Rilke * **Arenz, Karl** Die Entdeckungsreisen in Nord- und Mittelafrika von Richardson, Overweg, Barth und Vogel * **Aretz, Gertrude (Hrsg)** Napoleon I - Briefe an Frauen * **Ashburn, P.M** The ranks of death. A Medical History of the Conquest of America * **Avenarius, Richard** Kritik der reinen Erfahrung * Kritik der reinen Erfahrung, Zweiter Teil * **Beneke, Otto** Von unehrlichen Leuten: Kulturhistorische Studien und Geschichten aus vergangenen Tagen deutscher Gewerbe und Dienste * **Berneker, Erich** Graf Leo Tolstoi * **Bernstorff, Graf Johann Heinrich** Erinnerungen und Briefe * **Bie, Oscar** Franz Schubert - Sein Leben und sein Werk * **Binder, Julius** Grundlegung zur Rechtsphilosophie. Mit einem Extratext zur Rechtsphilosophie Hegels * **Bliedner, Arno** Schiller. Eine pädagogische Studie * **Blümner, Hugo** Fahrendes Volk im Altertum * **Brahm, Otto** Das deutsche Ritterdrama des achtzehnten Jahrhunderts: Studien über Joseph August von Törring, seine Vorgänger und Nachfolger * **Braun, Lily** Lebenssucher * **Braun, Ferdinand** Drahtlose Telegraphie durch Wasser und Luft * **Brunnemann, Karl** Maximilian Robespierre - Ein Lebensbild nach zum Teil noch unbenutzten Quellen * **Büdinger, Max** Don Carlos Haft und Tod insbesondere nach den Auffassungen seiner Familie * **Burkamp, Wilhelm** Wirklichkeit und Sinn. Die objektive Gewordenheit des Sinns in der sinnfreien Wirklichkeit * **Caemmerer, Rudolf Karl Fritz Die** Entwicklung der strategischen Wissenschaft im 19. Jahrhundert * **Casper, Johann Ludwig** Handbuch der gerichtlich-medizinischen Leichen-Diagnostik: Thanatologischer Teil, Bd. 1 * **Cronau, Rudolf** Drei Jahrhunderte deutschen Lebens in Amerika. Eine Geschichte der Deutschen in den Vereinigten Staaten * **Cushing, Harvey** The life of Sir William Osler, Volume 1 * The life of Sir William Osler, Volume 2 * **Dahlke, Paul** Buddhismus als Religion und Moral, Reihe ReligioSus Band IV * **Eckstein, Friedrich** Alte, unnennbare Tage. Erinnerungen aus siebzig Lehr- und Wanderjahren * Erinnerungen an Anton Bruckner * **Eiselsberg, Anton Freiherr von** Lebensweg eines Chirurgen * **Eloesser, Arthur** Thomas Mann - sein Leben und Werk * **Elsenhans, Theodor** Fries und Kant. Ein Beitrag zur Geschichte und zur systematischen Grundlegung der Erkenntnistheorie. * **Engel, Eduard** Shakespeare * Lord Byron. Eine Autobiographie nach Tagebüchern und Briefen. * **Ewald, Oscar** Nietzsches Lehre in ihren Grundbegriffen * Die französische Aufklärungsphilosophie * **Ferenczi, Sandor** Hysterie und Pathoneurosen * **Fichte, Immanuel Hermann** Die Idee der Persönlichkeit und der individuellen Fortdauer * **Fourier, Jean Baptiste Joseph Baron** Die Auflösung der bestimmten Gleichungen * **Frimmel, Theodor von** Beethoven Studien I. Beethovens äußere Erscheinung * Beethoven Studien II. Bausteine zu einer Lebensgeschichte des Meisters * **Fülleborn, Friedrich** Über eine medizinische Studienreise nach Panama, Westindien und den Vereinigten Staaten * **Goette, Alexander** Holbeins Totentanz und seine Vorbilder * **Goldstein, Eugen** Canalstrahlen * **Graebner, Fritz** Das Weltbild der Primitiven: Eine Untersuchung der Urformen weltanschaulichen Denkens bei Naturvölkern * **Griesinger, Wilhelm** Handbuch der speciellen Pathologie und Therapie: Infectionskrankheiten * **Griesser, Luitpold** Nietzsche und Wagner - neue Beiträge zur Geschichte und Psychologie ihrer Freundschaft * **Hartmann, Franz** Die Medizin des Theophrastus Paracelsus von Hohenheim * **Heller, August** Geschichte der Physik von Aristoteles bis auf die neueste Zeit. Bd. 1: Von Aristoteles bis Galilei * **Helmholtz, Hermann von** Reden und Vorträge, Bd. 1 * Reden und Vorträge, Bd. 2 * **Henker, Otto** Einführung in die Brillenlehre * **Kalkoff, Paul** Ulrich von Hutten und die Reformation. Eine kritische Geschichte seiner wichtigsten Lebenszeit und der Entscheidungsjahre der Reformation (1517 - 1523), Reihe ReligioSus Band I * **Kautsky, Karl** Terrorismus und Kommunismus: Ein Beitrag zur Naturgeschichte der Revolution * **Kerschensteiner, Georg** Theorie der Bildung * **Klein, Wilhelm** Geschichte der Griechischen Kunst - Erster Band: Die Griechische Kunst bis Myron * **Krömeke, Franz** Friedrich Wilhelm Sertürner - Entdecker des Morphiums * **Külz, Ludwig** Tropenarzt im afrikanischen Busch * **Leimbach, Karl Alexander** Untersuchungen über die verschiedenen Moralsysteme * **Liliencron, Rochus von / Müllenhoff, Karl** Zur

Runenlehre. Zwei Abhandlungen * **Mach, Ernst** Die Principien der Wärmelehre * **Mausbach, Joseph** Die Ethik des heiligen Augustinus. Erster Band: Die sittliche Ordnung und ihre Grundlagen * **Mauthner, Fritz** Die drei Bilder der Welt - ein sprachkritischer Versuch * **Meissner, Franz Hermann** Arnold Böcklin * **Müller, Conrad** Alexander von Humboldt und das Preußische Königshaus. Briefe aus den Jahren 1835-1857 * **Oettingen, Arthur von** Die Schule der Physik * **Ostwald, Wilhelm** Erfinder und Entdecker * **Peters, Carl** Die deutsche Emin-Pascha-Expedition * **Poetter, Friedrich Christoph** Logik * **Popken, Minna** Im Kampf um die Welt des Lichts. Lebenserinnerungen und Bekenntnisse einer Ärztin * **Prutz, Hans** Neue Studien zur Geschichte der Jungfrau von Orléans * **Rank, Otto** Psychoanalytische Beiträge zur Mythenforschung. Gesammelte Studien aus den Jahren 1912 bis 1914. * **Ree, Paul Johannes** Peter Candid * **Rohr, Moritz von** Joseph Fraunhofers Leben, Leistungen und Wirksamkeit * **Rubinstein, Susanna** Ein individualistischer Pessimist: Beitrag zur Würdigung Philipp Mainländers * Eine Trias von Willensmetaphysikern: Populär-philosophische Essays * **Sachs, Eva** Die fünf platonischen Körper: Zur Geschichte der Mathematik und der Elementenlehre Platons und der Pythagoreer * **Scheidemann, Philipp** Memoiren eines Sozialdemokraten, Erster Band * Memoiren eines Sozialdemokraten, Zweiter Band * **Schlösser, Rudolf** Rameaus Neffe - Studien und Untersuchungen zur Einführung in Goethes Übersetzung des Diderotschen Dialogs * **Schweitzer, Christoph** Reise nach Java und Ceylon (1675-1682). Reisebeschreibungen von deutschen Beamten und Kriegsleuten im Dienst der niederländischen West- und Ostindischen Kompagnien 1602 - 1797. * **Sommerlad, Theo** Die soziale Wirksamkeit der Hohenzollern * **Stein, Heinrich von** Giordano Bruno. Gedanken über seine Lehre und sein Leben * **Strache, Hans** Der Eklektizismus des Antiochus von Askalon * **Thiersch, Hermann** Ludwig I von Bayern und die Georgia Augusta * Pro Samothrake * **Tyndall, John** Die Wärme betrachtet als eine Art der Bewegung, Bd. 1 * Die Wärme betrachtet als eine Art der Bewegung, Bd. 2 * **Virchow, Rudolf** Vier Reden über Leben und Kranksein * **Vollmann, Franz** Über das Verhältnis der späteren Stoa zur Sklaverei im römischen Reiche * **Wachsmuth, Curt** Das alte Griechenland im neuen * **Weber, Paul** Beiträge zu Dürers Weltanschauung * **Wecklein, Nikolaus** Textkritische Studien zu den griechischen Tragikern * **Weinhold, Karl** Die heidnische Totenbestattung in Deutschland * **Wellmann, Max** Die pneumatische Schule bis auf Archigenes - in ihrer Entwickelung dargestellt * **Wernher, Adolf** Die Bestattung der Toten in Bezug auf Hygiene, geschichtliche Entwicklung und gesetzliche Bestimmungen * **Weygandt, Wilhelm** Abnorme Charaktere in der dramatischen Literatur. Shakespeare - Goethe - Ibsen - Gerhart Hauptmann * **Wlassak, Moriz** Zum römischen Provinzialprozeß * **Wulffen, Erich** Kriminalpädagogik: Ein Erziehungsbuch * **Wundt, Wilhelm** Reden und Aufsätze * **Zallinger, Otto** Die Ringgaben bei der Heirat und das Zusammengeben im mittelalterlich-deutschem Recht * **Zoozmann, Richard** Hans Sachs und die Reformation - In Gedichten und Prosastücken, Reihe ReligioSus Band III

www.severus-verlag.de